松坡回望
——我的教育思考集

⊙赵旭红 著

湖南师范大学出版社
·长沙·

序　言

　　著名教育家陶行知先生曾说:"校长是一个学校的灵魂。"一个好校长就是一所好学校。

　　是的,校长好,教师才好;校长好,学生才好;校长好,学校也才好。校长的一言一行、一举一动,小而言之,关系一所学校的发展,推而广之,关系千百人的学业前途,大而言之,关乎社会稳定、国家兴衰!

　　隆回一中始建于1942年,其前身系著名历史学家李剑农先生为纪念爱国名将蔡锷(字松坡)而在桃花坪督导创办的"松坡中学",是湖南省首批示范性高级中学、全国教育系统先进集体。近年来,隆回县委、县政府和社会频频点赞学校:"隆回一中了不起""隆回人民的荣耀""隆回人民的精神殿堂""隆回教育的一扇窗口、一面旗帜、一个标杆"……尤其是2023届毕业生,入校成绩总体上在邵阳市中等偏下,但毕业成绩能进入全市三强,学校因此荣获"2023年邵阳市普通高中教育教学质量先进单位"称号(全市仅三所),实属不易。

　　赵旭红同志于2007年9月至2009年8月任该校政教副校长,2018年9月至2023年8月任该校校长,2023年9月至今担任学校党委书记。他是湖南省正高级教师、邵阳市高中政治骨干教师、邵阳市高层次人才,是全国创新教育杰出校长、隆回县"优秀校长"和"十佳校长",也无愧于"好校长"称号!

　　这本集子,是赵旭红同志两度扎根一中时自身管理工作的真实写照,记录着他立德树人,为教育夙兴夜寐、上下求索的历程,而以"松坡回望"为名,既体现了赵旭红不忘来路、不改初心、眷恋松坡热土的深情,也是他对学校管理、发展的一种思考和探索,反映出他关注教育热点、憧憬教育追求、回应社会关切、努力办好人民满意教育的情怀和境界,还能引发学校成员集体的文化自觉,共同寻找和叙说学校文化的故事,寻找学校文化之"根",找到"聚合"大家为一体的文化之"魂"。品读其间,慷慨之时,让人热血澎湃;动情之处,让人泪流满面。我要永远感恩隆回一中，因为她是我的母校。赵旭红同志多年在母校担任校长、书记，并把隆回一中办得风生水起，得到众口称赞，我从内心感到钦佩。他的著作《松坡回望》问世，我由衷表示祝贺。

有文字记载的地方，便有历史的跫音在回荡。"从最坏处着想，向最好处努力。"这是赵旭红同志的教育感言，他把自己躬耕松坡园、践行"好校长"的经历付诸笔端，这是他教育感言的生动实践，是他教育初心的笃定坚守，也为广大教育工作者提供了一个学习、借鉴和交流的平台，并深深启示我们，让读书、反思和写作成为一种习惯。我看这种做法值得肯定。

俯仰无愧天地，行止无愧己心。历史不会辜负每一位思考者，我希望他仍能永葆教育的智慧与艺术，秉持思想者的角色和气质，在"为学生健康成长导航"的征程上，振铎兴庠，回响不辍；松坡回望，一路馨香，花开烂漫！

是为序。

周玉清

2024 年 1 月 16 日于北京

目　录

活动致辞篇

学术成果篇

附录

开学典礼篇

欲图大者，当谨于微

——2019年秋季开学典礼致辞

各位领导、老师，亲爱的同学们：

大家早上好！首先我谨代表学校，对今年新加入隆回一中的同学和老师表示热烈的欢迎，欢迎你们融入美丽的松坡园大家庭。

酷暑已过，我们拥梦想而至，怀激情而来。过去的一年，在县委、县政府的坚强领导和教育主管部门的大力支持下，我们上下齐心，攻坚克难，硕果累累：学校硬件建设再上新台阶，学生高考成绩闻名遐迩，师生幸福指数大幅提升，各类成绩荣誉纷至沓来……隆回一中正迈着矫健的步伐，一步一步问鼎三湘名校。

今天，在这里举行新学期开学典礼，我想重点和同学们说一个关键词，那就是"严谨"（严格的"严"，谨慎的"谨"）。

韩非子曰："慎易以避难，敬细以远大。"明代大家方孝孺曾说："人之持身立事，常成于慎，而败于纵。"可见，欲图大者，当严谨于忽微，当实干于细易。借此机会，我讲三句话：

一是"学习要严谨"。美学大师朱光潜曾说："无论阅读或写作，我们必须有一字不肯放松的谨严。"苦吟诗人贾岛骑驴作诗，"推""敲"无主，严谨不苟，忘我投入，冲撞京兆尹韩愈仍浑然不觉，引出一段千古佳话；诺贝尔文学奖获得者海明威写作态度极其严谨，十分重视作品的修改，其长篇小说《永别了，武器》初稿写了6个月，修改花了5个月，样稿出来后还在改，最后一页共改了39次才满意。古今中外成功者皆如此，作为学生，当然更要以严谨的态度对待学习，凡是能做到100分的事情，绝不在99分的时候止步，否则，"小不谨，大事败矣"。

二是"行为要严谨"。《道德经》第六十四章提到："慎终如始，则无败事。"越王勾践，十年卧薪尝胆，忍辱负重，最终创造了"三千越甲可吞吴"的神话；袁隆平扎根田间，默默试验几十载，严谨求证，终育成"杂交水稻"，福泽万民；我校"四立教育"中的"立行"也要求我们，坐端行健，坐如钟，行如风，站如松，集合排队齐如阵，形成良好的行为风范。作为学生，要想成就一番事业，理应把严谨当成信仰，从小事情做起，从细微处入手，心存敬畏，精雕细琢每一个细节。

三是"做人要严谨"。诸葛孔明毕生严谨，故能运筹于帷幄之中，决胜于千里之外，世人称之"神机妙算"；航天技师徐立平，二十六载给火药微雕，严谨之至，毫发无差，铸就强国利器，世人盛赞其为"大国良才"；民族脊梁鲁迅先生，既是最热情的战士，也是最冷静的学者，一旦确定研究方向，便牢牢把握，丝毫不肯放松，严谨成"癖"，终成"学问大家"。作为学生，要想出类拔萃，更应追求这种严谨的境界——耐得住寂寞，更留得住热情。不因挫败而放弃自己的勇敢，不因成就而放松自己的超脱。

老师们、同学们，欲知盈虚之定律，明显晦之时宜，防微杜渐，预有所虑，除严于律己，谨小慎微，岂有它哉？

老师们、同学们，奋进的号角已经吹响，让我们及时奋发，严谨学习，严谨行事，严谨做人，携手松坡园，共做追梦人！

最后，值教师节即将到来之际，祝愿老师们身体健康，工作顺利，桃李遍天下！祝福同学们学业大成，前程锦绣！在喜迎中华人民共和国成立 70 周年之际，祝愿我们伟大的祖国蒸蒸日上、繁荣昌盛！

2019 年 9 月 7 日

内心强大，才能无惧风雨

——在 2020 年秋季开学典礼暨农商银行捐赠仪式上的讲话

各位领导、来宾，老师们，同学们：

大家上午好！今天我讲话的题目是："内心强大，才能无惧风雨"。

时维九月，丹桂飘香，松坡园美丽如画。今天，我们在此隆重集会，举行隆回一中 2020 年秋季开学典礼暨农商银行捐赠仪式。借此机会，请允许我代表全体师生员工，对隆回农村商业银行的大爱善举，表示衷心的感谢和崇高的敬意！对新加入的 1500 余名朝气蓬勃的新同学的到来表示热烈的欢迎，对在上学年度取得良好成绩的教职员工和同学表示由衷的祝贺！

隆回一中创建于 1942 年，现有教学班级 81 个，学生 4500 余人，培养出清华、北大学生 61 人。近年来，学校的各项事业蒸蒸日上，办学条件得到了进一步改善，育人环境进一步优化，但学校的部分硬件设施使用多年，需要更新和添置。作为"隆回人民自己的银行"，隆回农村商业银行自 2015 年 10 月成立以来，"暴霜露，斩荆棘"，一路风雨兼程，在不断发展壮大自身的同时，勇于担当社会责任，积极投身于教育公益及社会民生事业。此次为我校捐赠 200 万元，用于 5000 套课桌凳的更换、两个录播室的建设和闻达楼 25 个投影机的更换，真正帮学校解了燃眉之急。

隆回农村商业银行生于隆回、长于隆回，又回报隆回。这一善举，在全社会形成了良好风尚，充分体现了心系教育、情系桑梓的高尚情怀；这一善举，必将帮助同学们坚定人生信念，书写更加灿烂的人生篇章，也必将唤起更多人关注国家和民族的未来。我们一定将农商银行的这一份善心、爱心扎扎实实地传递到每一位师生，传递到松坡园的每一个角落。

在此，我提议，对农商银行的大爱之举，再次表示感谢！

同学们，新的学年，孕育着新的希望和憧憬，在经过暑假短暂休息与调整之后，我们又满怀信心与斗志站在新学年的起跑线上，我衷心祝愿并相信大家在新学期里，内心强大，无惧风雨；全身投入，接续奋斗；不负青春，不负家国。借此机会，我讲三句话：

第一句话，内心强大的人，一定是理想远大、信念坚定的人。

司马迁胸怀大志，以天下为己任，立经天纬地之业，发出了"小子何敢攘焉"的呼声。他为了书写"藏之名山，传之后人"的史书，虽为李陵辩解触怒龙颜而遭腐刑，然其内心强大，坚定信念，忍辱奋起，历时18载，究天人之际，通古今之变，成史家绝唱。

被外国人称为"能抵五个师"的钱学森，也正是有强大的内心和坚定的理想信念，才不为美国的软硬兼施所动，于1955年冲破重重阻挠，毅然回国，使得中国导弹、原子弹的发射向前推进了至少20年，也让中国的载人航天事业跨入世界先进行列。

"理想信念之火一经点燃，就永远不会熄灭。"在中央苏区和长征途中，党和红军就是依靠坚定的理想信念和坚强的革命意志，一次次绝处逢生，愈挫愈勇，最后取得了胜利，创造了难以置信的奇迹。

同学们，新学期伊始，请做一个内心强大的人，做一个理想远大、信念坚定的人。

第二句话，内心强大的人，一定是能严于律己、专注有恒的人。

古人云："君子责己，小人责人。"荀子说："不积跬步，无以至千里；不积小流，无以成江海。"从古至今，一个人内心强大、事业有成，无一不是严于律己、专注有恒的结果。

精诚所至，金石为开。正是因为严于律己，专注有恒，曹雪芹可以痴梦红楼十余年，成就了中国古典小说的巅峰；爱因斯坦可以把100美元的钞票当作数学演算的草稿，因潜心思考而找不到回家的方向；沃尔特·迪士尼可以"从一只老鼠开始"，成为享誉世界的动画片（米老鼠）之父，并用创意改变了世界的面貌。

同学们，成长与舒适，无法共存；功不求戾，但求律己有恒。

第三句话，内心强大的人，一定是能直面挫折、不怕困难的人。

奥斯特洛夫斯基说得好："人的生命似洪水在奔腾，不遇着岛屿和暗礁，难以激起美丽的浪花。"拿破仑也曾说过："最困难之时，就是离成功不远之日。"

"刀要石磨，人要事磨。"大凡豪杰之士，都是从恶劣环境中磨炼出来的。越王勾践十年卧薪尝胆，终于打败了吴国；史铁生用残缺的身体，说出了最为健全而丰满的思想；林俊德入伍52年，参加了我国全部核试验任务，为国防科技和武器装备发展倾尽心血，在癌症晚期，仍以超常的意志工作到生命的最后一刻；霍金身患先天性肌肉萎缩，却敢于直面挫折，最终问鼎科学高峰……如此种种，都雄辩地告诉我们一个简单而深刻的道理：挫折是一种财富，直面挫折、不怕失败，内心必然强大，人生才趋于完美。

同学们，落叶纷飞，诉说的是对来年绿叶满枝的殷殷期待；梅花怒放，宣告的是直面严寒冰霜的傲骨风范！让我们勇敢直面挫折和困难，用它来磨炼自己奋飞的翅膀！

江苏网红"校长"宁晓明说："唯有脚踏实地的艰苦奋斗，才是最聪明的办法，才能获得最真实的幸福。"收获的季节不在自然界，她蕴藏在我们每一位一中人的心中。让我们在前进的道路上做一个内心强大、无惧风雨的人，策马扬鞭，与时俱进，以饱满的热情，迎接新的挑战，寻求新的发展，再创新的辉煌。

最后，再次感谢隆回农商银行的无私大爱，祝隆回农商银行事业发达、蒸蒸日上，祝我们的全体老师在新的学年中身体健康、工作愉快、家庭幸福！祝同学们快乐成长、学习进步、前程似锦！

谢谢大家。

2020 年 9 月 7 日

用无悔去刻写松坡园的豪迈记忆

——2021 年秋季开学典礼致辞

尊敬的刘书记、各位领导、老师们，亲爱的同学们：

大家早上好！

我讲话的题目是"用无悔去刻写松坡园的豪迈记忆"。

金秋送爽冲霄汉，展望来期胜往昔。在创造了新的高考辉煌、告别了悠闲的暑假之后，我们再次重逢在熟悉、亲切而又美丽的松坡园。这一次的相逢，我们迎来了 1700 余名朝气蓬勃的高一新同学，也迎来了从兄弟学校和全国一流大学毕业来的新老师们。在此，请允许我代表学校，对新同学、新老师的到来表示热烈的欢迎，向一年来为学校发展做出贡献的全体教职工表示衷心的感谢！

同学们，新学期已悄然而至，高中生活是一段充满期待与梦想的人生旅途。当你们走出校园，开启新的征程，回首这一段难忘的岁月时，我希望你们可以满怀豪情地说：真心无悔！

那么，怎么才能做到无悔？

第一，学会自信，成就未来。

托尔斯泰曾说："决心就是力量，信心就是成功。"毛泽东"自信人生二百年，会当水击三千里"，面对国民党顽敌，他喊出了："问苍茫大地，谁主沉浮？"面对强大的美帝国主义和国民党反对派，他自信地说："一切反动派都是纸老虎。"

鲁迅先生是自信的。面对所处社会的疑问，在中华民族危难之际，他"敢于直面惨淡的人生，敢于正视淋漓的鲜血"，依旧在"人人自保"的时代里为国为民。

邓小平是自信的。面对香港主权回归问题，当素有"铁娘子"之称的撒切尔夫人一次又一次地挑衅和无礼时，邓小平斩钉截铁地说："两年以内若不签字，我们将按照我们自己的方法来解决。"

今年 3 月份的中美阿拉斯加"2+2"对话，面对美方的无端攻击，中方代表杨洁篪坦然陈词："你们没有资格在中国的面前说，你们从实力的地位出发同中国谈话。"王毅以变应变："美方干涉中国内政的这个老毛病要改一改了！"

同学们，相信自己，相信"天生我材必有用"，莫让美好年华付诸东流，莫让人生留有悔恨，成败皆成过往，自信成就未来！

第二，人生精彩，始于规划。

《礼记·中庸》有言："凡事预则立，不预则废。"卡耐基说："不为明天做准备的人，永远不会有未来。"著名心理学家弗洛伊德也曾说："人生就像弈棋，一步失误，全盘皆输，这是令人悲哀之事；而且人生还不如弈棋，不可能再来一局，也不可能悔棋。"

善于规划的人生更加出彩，更加出彩的人生需要规划。善于规划，宗元干"愿乘风破万里浪，甘面壁读十年书"；善于规划，周公瑾"雄姿英发，羽扇纶巾，谈笑间樯橹灰飞烟灭"；善于规划，诸葛亮一纸《隆中对》，区区三百余字，详尽天下大势，助力刘备复汉室；善于规划，唐初名相房玄龄精兵简政，将政府机构缩减到只有六百多人的规模，开启了贞观之治的盛世局面……

同学们，写作需构思，制衣得设计，建房先制图。人生需要规划，在有规划的日子里，我们才能轻松面对各种诱惑，不再沉沦于电子设备、零食和小说，我们才会时刻明白自己为谁而读书，知道如何对自己的未来负责。我希望你们从现在做起，好好努力，用心规划，不负韶华，每天进步一点点，遇见更优秀的自己！

第三，快乐学习，精彩生活。

子曰："知之者不如好之者，好之者不如乐之者。"唐代诗人张潮说得好："少年读书，如隙中窥月；中年读书，如庭中望月；老年读书，如台上玩月。"我们应该学会快乐学习，在快乐中获取知识，在快乐中增长才干。

或许有同学说，学习是一件痛苦的事情，哪来的快乐？

诚然，在过去，悬梁刺股、凿壁偷光、囊萤映雪都是苦读苦学的千古佳话。然而，现在我们国家强大了，人民富裕了，国家对教育的投入与日俱增，这里有优美的环境，有呕心沥血的老师，有精心呵护你们的爸爸妈妈，你们的学习怎能不快乐呢？

同学们，"书中自有黄金屋，书中自有颜如玉"。你可以陶醉于唐诗宋词的典雅、数学殿堂的奥秘；你可以徜徉于地理的海洋，峥嵘于历史的博大精深；在体育课上强健体魄，在实验课上探索世界的神秘，在音乐课上尽展自己的歌喉……览遍语数外，翱翔理化生，看尽政史地，每一门学科，只要你认真、细心学习，都足以让你快乐，令你神往。

在不断学习中，你们的知识越来越丰富，你们的素养在不断提高。同学们，在学习中快乐，任尔东西南北风；在快乐中学习，任花开花落、云卷云舒。

老师们，同学们，八十年的耕耘，脚下的这片土地无比丰盈美丽，展现出勃勃生机，也承载着美好的传统、厚重的文化。让我们珍惜机遇，树立自信，用心规划，快乐学习，精彩生活，用无悔去刻写松坡园的豪迈记忆，与盛装而行的松坡园共赴美好未来！

最后，祝老师们身体健康，工作顺利；祝同学们学习进步，茁壮成长。

2021 年 9 月 3 日

青春誓言
——在 2022 年秋季开学典礼上的讲话

尊敬的各位领导、老师，亲爱的同学们：

大家早上好！

壮志填新曲，豪情奏凯歌。过去的一年，全体一中人尤其是高三的老师们敢打敢拼，科学施策，在今年的高考中取得了骄人战绩：本科上线达 1292 人，重本上线 936 人，600 分以上 91 人，其中宁昌奎、王玥分别考上了清华、北大。今天，度过了 60 年来罕见的炎炎夏天，我们再一次回到了日夜奋战的母校——隆回一中，现在我们终于开学了，让我们一起欢呼：胜利！胜利！胜利！

俗话说，铁打的营盘流水的兵。刚刚送别 2022 届高三毕业生，本学期我们又迎来了 2022 级 1650 名新生，同时，从县内外新调入了 16 名出类拔萃的好老师，请允许我代表学校对新老师、新同学的到来表示热烈的欢迎和最真诚的祝贺。同时对圆满完成学业，升入高二、高三的同学表示美好的祝愿。

今天举行一年一度的开学典礼。借此机会，我想讲四句话，作为本学年度同学们的青春誓言。

第一句誓言：读书很苦我不言。

人们常说，人生不可能苦一辈子，但一定会苦一阵子。有的人为了逃避苦一阵子，结果苦了一辈子。我深深知道同学们读书不容易，清早 6 点起来，霓虹灯还在闪烁，我们就已经坐在教室里朗读着 ABCD；晚上的大街灯火辉煌，偷闲的同龄人也许已经在夜宵摊前猜拳行令，觥筹交错，但可爱的你们却在挑灯夜战，演算着难解难分的 X+Y。同学们，不要紧，请记住，唯经痛苦，才有欢乐！将来，当快递小哥将沉甸甸的通知书送到你手中时，你将饱含幸福的泪水，心里会默默重复着一句话：三年艰苦的高中生活，我值了！

第二句誓言：师长恩情记心田。

同学们，精彩完美的人生是怀着感恩的人生。我们每一个人都在约束中长大。在学校，老师对你管得多，甚至骂得多，目的只有一个，那就是希望你健康成长，希望你能有一个好的未来。在家庭中，父母把我们从一尺长带大，从呱呱坠地、牙牙学语，到今天长得白白胖胖、满腹经纶，这一切都离不开父母一点一滴的付出。然而，我们还是有极少部分同学，对老师、父母没有感恩之心，与老师、长辈斤斤计较，争长论短。将他们的一点点错误无限放大，用他们的一点点不足掩盖自己的任性、无情甚至贪婪。在此，正告全体同学，老师、父母不是你讲理的对象。永远感恩老师、感恩父母，对老师、父母彬彬有礼，应该成为我们每一个人一辈子遵循的基本准则。

第三句誓言：每天锻炼坚持好。

北大前校长王恩哥说过一句话："我们要结交两个朋友，一个是图书馆，一个是运动场。"结交运动场这个朋友，就是希望大家多锻炼。习近平总书记非常喜欢运动，他不仅喜欢游泳，也喜欢爬山。他说："少年强则国强，体育强则中国强。"清华大学就特别注重体育，体育不及格，绝对不能毕业。在这里，我呼吁同学们发出铿锵有力的青春誓言：每天锻炼一小时、健康工作50年、快乐生活一辈子。我运动、我健康、我快乐。

第四句誓言：面对挫折勇向前。

同学们，俗话说得好："人生没有彩排，只有直播。"没有彩排的人生往往不会一帆风顺，挫折也就在所难免。有的人面对挫折，心灰意冷，萎靡不振；而有的人却把挫折看成走向成功的宝贵财富，细细品味咀嚼，再次找到来时的路。褚橙大王褚时健有句名言，一个人的成功不是看他的高度，而是看他跌到谷底的反弹力。同学们，请记住：无论多强，没有人能够始终站在巅峰，无论多弱，也不会永远被埋没在谷底，起伏是人生的旋律，生命只有历经磨炼才能完整。月考失利了，请擦干眼泪继续读；末考失误了，请换一支笔继续写。

与此同时，我还想对每个年级的同学说一句话。

我想对高一的同学说：凡是过往，皆为序章。

高一的同学们，不管你们来自怎样的家庭和学校，有过怎样的辉煌过往或失败经历，不论是处于豪情万丈的高光时刻，还是处于怅然若失的黯淡时光，那些都已成为过去。现在所有的人都在一条起跑线上，谁跑得快，谁就是王者。

我想对高二的同学说：往者不可谏，来者犹可追。

通过一年的学习，成绩排位已初见分晓。特别是有的同学可能事与愿违，与高一时的信誓旦旦相去甚远。我奉劝高二的同学，往昔的日子已经过去，难以改变，决不能沉溺于过去的追忆中，未来是完全可以弥补的。

我还想对高三的同学说：乾坤未定，你我皆是黑马。

先来看几个真实的例子：我校 2022 届高三 726 班（物化地组合）的彭商钧同学，高一时年级排名 725 名，考上了中南大学；高三 728 班（物政地组合）的陈艺文同学，高一时年级排名 889 名，考上东北大学；高三 709 班（历政地组合）的同学谢晴晴，高二时的成绩在历史类组合中排名第 382 名，被武汉大学录取。还有，726 班（物化地组合）的段飞同学，到高三时年级排名 1077 名，竟然考上了湖南大学……这些都说明了什么？

高三的同学们，"行百里者半九十"，不到最后，不知道谁才是最后的赢家！因为"乾坤未定，你我皆是黑马"！

同学们，新学期，新气象，新作为，新征程。所有的梦想都从今天出发，一切的期待都会因行动而开花结果，愿你们不负初心，际遇美好，愿你们的征程是星辰大海，愿你们的未来光芒万丈。

2022 年 9 月 6 日

以汗水见证成长，用奋斗谱写华章

——在2023年秋季开学典礼上的讲话

尊敬的刘书记、各位领导、老师、亲爱的同学们、家长朋友们：

大家早上好！

凝心聚力秋风劲，奋蹄扬鞭正当时。

迎着秋日凉爽的风，踩着青春的步伐，怀着对美好未来的向往，我们迎来了新的学期。本学期，有30位新老师、1485名新同学加入松坡大家庭，开启了人生的新阶段。首先，请允许我代表学校党委、行政，对新老师、新同学的到来表示热烈的欢迎，对圆满完成学业，升入高二、高三的同学表示良好的祝愿。祝大家新学年、新气象，新梦想、新成就。

借此机会，我讲一个关键词："奋斗"。

习近平总书记曾说，"奋斗是青春最亮丽的底色"，"奋斗本身就是一种幸福"。中国共产党带领中国人民从破坏一个旧世界到建立一个新中国，从改革开放到脱贫攻坚到乡村振兴，从温饱到小康再到基本实现现代化，亿万个奋斗的脚步方能踏出国家富强、人民幸福的锦绣前程。一句话，天上不会掉馅饼，"幸福都是奋斗出来的"。

奋斗恰逢天时。同学们，教育强国的号角早已吹响，县委、县政府一直把教育放在优先发展的位置，生逢盛世的你们今天相会在松坡园，共同直面世界百年未有之大变局，共同奋进在国家实现"第二个百年"奋斗目标的雄伟征程上，大国博弈造成的秩序重构和技术革命将会深刻影响中国，也必然会影响你们的求学之路、职业选择、生活方式和价值观念。祖国需要你们的才华、激情和坚守！民族复兴路上容不下一个拒绝奋斗的青春，我希望你们用奋斗抓住机遇，迎接挑战，勇敢向未来！

奋斗切合地利。我们身处的这座城市，蔡锷曾跃马持刀，魏源曾举笔擎卷；我们脚下的这片土地，李剑农先生教育救国疾声呐喊的余音回响不绝。学校虽然占地面积仅 100 来亩，但是这个尺寸之地培养出了 5 万余名优秀校友。回望来路，以周玉清、阮炳黎、陈海波等为代表的灿若星辰的校友群体，将个人命运深度融入民族复兴大局，照亮了一座城市乃至一个国家发展的雄关漫道。今天你们听来如雷贯耳的一些学长、学姐，当年也和你们一样，我期待现在的你们赓续奋斗，不负青春，多年以后，能在大江南北、黄河上下、长城内外，乃至世界各地，成长为新一代的从松坡园起步的"诸子百家"。

奋斗正值人和。有人说，人际关系中最坚韧的纽带无非"三缘"，即血缘、地缘和学缘，前两者与生俱来，唯有学缘可以打破时空壁垒。因学缘而结识的老师和同学是照亮自身的一面镜子，也是生命赐予我们的朋友。同学们，隆回一中有一大批功底扎实、爱岗敬业、默默奉献和爱生如子的优秀教师；再看看你身边的朋友，你们都是从全县各乡镇（街道）中学脱颖而出的佼佼者，你们虽然相互竞争、"棋逢对手"，但也灵魂共振、惺惺相惜。"喜看稻菽千重浪，遍地英雄下夕烟"，我希望你们生命不息、奋斗不止，成为自己的英雄，成为彼此的英雄，成为时代的英雄！

同学们，奋斗无处不在，奋斗其乐无穷。今天的开学典礼吹响了奋斗的号角，我希望大家明确奋斗目标，绘好奋斗路线，排好奋斗时间，以汗水见证成长，用奋斗谱写华章，勇担时代之责，同筑强国之梦。

最后，值教师节来临之际，祝老师们家庭幸福、桃李天下！祝同学们学习进步，前程远大！让我们一起加油！

谢谢！

2023 年 9 月 5 日

毕业典礼篇

握紧奋进之楫，把稳人生之舵
——在2019届高三毕业典礼上的讲话

亲爱的老师们、同学们、家长朋友们：

大家上午好！

又是一年菡萏开，风送荷香离歌起。那些青涩与迷茫、速度与激情、梦想与拼搏，在松坡园这片热土上，交织成了属于我们的这场青春盛宴。这场青春盛宴，历经四季流转，跨越1095个日夜，始于2016年初秋，终于今年这个盛夏。

此刻，我们站在时光的渡口。回首，"挥一挥衣袖，作别西天的云彩"，高中岁月，即将成为昨天的记忆；亲爱的母校，也将在你的记忆中渐行渐远。你们就要离开这熟悉的地方，去游学四海，建树八方。我由衷的祝贺你们，我会牢牢记住你的脸，珍惜你给的思念。在此，我还想嘱托并希望你们：毕业以后，要握紧奋进之楫，把稳人生之舵，愿你们永葆赤子心，做忠诚的爱国者；热望如鲸落，做社会的奉献者；勇毅似磐石，做事业的担当者；温柔如暖阳，做家庭的责任者。在新的征程上，为祖国、为社会、为事业、为家庭，创造更加美好的未来！

一、永葆赤子心，做忠诚的爱国者

我们常羞于直白表达爱意，但爱却在言行举止间悄然流露。当国歌奏响、红旗飘扬，我们内心暖流涌动，眼眶湿润，这并非荷尔蒙作祟，而是对祖国的一种清澈纯粹的爱；祖国山河壮美，华夏儿女的爱国情怀与血脉穿越千年，闻一多的慷慨激昂、钱学森的毅然回归、黄大年的忘我奉献、袁隆平的无私坚守……他们心有大我，至诚报国，无不是我们学习的光辉典范。

一代人有一代人的长征，先辈的长征是两万五千里，是号角、是雪山、是江河与断桥；我们这代人的长征，是九州大地，是屏障、是距离与呼唤，是逆流而上、振兴中华。今生有幸入华夏，一片丹心唯报国。青年朋友们，当怀赤子心，做忠诚的爱国者！

二、热望如鲸落，做社会的奉献者

同学们，你们可曾知晓鲸落？那庞大的身躯缓缓沉入无尽黑暗的深海之中，却化作了空寂海底最温暖的绿洲，滋养着海底万千渴望生存的生命。正如一首歌词所写的，"只要人人献出一点爱，世界将变成美好的人间"。

正是许多人凭借那"心里装着他人，唯独没有自己"的奉献精神，构建了中华民族和谐稳定的社会，大到抗洪抢险、抗震救灾，小到扶贫济困、尊老爱幼，涌现出了许许多多平凡而伟大的故事。我们当效仿先锋模范，延续中华民族助人为乐的优良传统，去描绘新的"鲸落"。鲁迅先生曾写道："无穷的远方，无数的人们，都和我有关。"我们每个人不一定都光芒万丈，但一定要眼里有光、心中有爱，无数的点点星火才能汇聚成耀眼的火炬，照亮我们的社会，温暖我们的世界。

三、勇毅似磐石，做事业的担当者

时代的洪流滚滚向前，事业的征程波澜壮阔。那高耸入云的摩天大楼，是建筑工人一砖一瓦的担当铸就；那风驰电掣的高铁，是工程师们精益求精的担当推动；那震撼世界的科技成果，是科研人员夜以继日的担当创造。担当，是袁隆平田间地头的执着坚守；担当，是钟南山疫情前线的无畏逆行；担当，意味着心系他人，勇挑重担；担当，意味着不畏艰险，攻坚克难；担当，意味着怀揣梦想，奋力前行。

同学们，在这充满机遇与挑战的时代，我们应勇毅似磐石，在拼搏中绽放光芒，在奋斗中书写辉煌，让担当成为我们生命中最璀璨的勋章。

四、温柔如暖阳，做家庭的责任者

家庭，是温暖的港湾，是心灵的栖息之所。当我们呱呱坠地的那一刻，便与家庭紧密相连，从此肩负起一份特殊的责任。

"千家万户都好，国家才能好，民族才能好。"习近平的这番话，深刻体现了家庭的重要性。"最美村官"秦玥飞，他在为乡村发展贡献力量的同时，也始终心系着远在他乡的家人，用自己的成就让父母骄傲；孝老爱亲模范黄凤，她用稚嫩的肩膀挑起照顾瘫痪父亲的重担，展现出坚韧不拔的毅力和对家庭深深的爱。还有年轻的消防战士们，他们在保卫人民生命财产的岗位上英勇奋战，却也不忘在闲暇时给父母报一声平安，让家人放心。这些优秀青年用他们的行动诠释着家庭责任的意义，他们在各自领域发光发热的同时，也用心守护着家庭的温暖与安宁。

亲爱的同学们，"你的样子，就是中国的样子"，重任在身，不负青春。你们要勇做新时代的"弄潮儿"，在振邦为民中把准信仰之舵，坚定沧海踏浪的人生航向；在实现民族复兴的征程上奋勇争先，创造无愧于时代、无愧于人民、无愧于历史的青春业绩，助推青春中国迈向新的未来。

最后，祝同学们2019年高考智慧如海、下笔有神、过关斩将、独占鳌头！同时，也祝同学们在漫长的人生旅途中轩轩甚得、岁月静好、花团锦簇、风光无限！

2019年6月4日

少年出阁拏云志，锦囊相伴必化龙
——在 2020 届高三毕业典礼上的讲话

亲爱的同学们：

　　大家早上好，经过三年的严寒酷暑，苦乐交织，你们终于毕业了，我祝贺你们！

　　同学们，自古以来，天将降大任于斯人也，必先苦其心志，劳其筋骨。艰难困苦，玉汝于成，所有艰辛，尽是历练化龙前的必经之路，不管前路如何，你们注定不凡！我永远爱着你们！

　　少年出阁拏云志，锦囊相伴必化龙。毕业在即，我有许多心里话想讲，你们即将从新的起点远行，既盼你们一帆风顺，又怕你们风雪交加。借此机会，我送大家三个锦囊。

锦囊一：做人要大度。

　　"人之谤我也，与其能辩，不如能容。人之侮我也，与其能防，不如能化。"

　　"千里修书只为墙，让他三尺又何妨？"桐城的六尺巷，闻名世界，因为它宣传的正是一种大度，体现了一种传统美德；蔺相如乃大度之人，以解决国家之急为先，不与廉颇争列，引来一段"负荆请罪，刎颈之交"的将相和佳话；齐桓公是大度的，他不计射钩私仇，采纳鲍叔建议，重用管仲，成就"九合诸侯，一匡天下"的霸业……可见，大度之人，得失不计，宠辱不惊，张弛有度；大度之人，静得优雅，动得从容，行得洒脱。

　　同学们，大千世界，人各不同，总有你见不惯的人、不喜欢的性格、不满意的做法……三年来，所有的相逢都是上天最好的安排，请学会大度，懂得包容，对他人无意的伤害给予宽容，对他人偶尔过激的言辞给予理解，对他人的另类给予尊重。世间万物皆有因，大度坦然最风情。大度之人，如一朵花，花香淡雅而悠长；如一棵树，枝叶繁茂而常青。

　　一只脚踩扁了紫罗兰，它却把香味留在那脚后跟上，这就是大度。"凡事留一线，日后好相见。"大度好做事，树大好遮阴。一句话，欲成大器，先要大度。

锦囊二：做事需谨慎。

《诗经·大雅》有言："兢兢业业，如霆如雷。"《道德经》第六十四章提到："慎终如始，则无败事。"

谨慎成大器。古代诸葛孔明，一生谨慎，故能运筹于帷幄之中，决胜于千里之外，才被刘备临终托以大事，寄以振兴汉室之望。晚清名臣曾国藩为官为人处处小心，时时在意，给家人书信告诫也是务必低调谨慎处事，切勿志骄意满。即使战功显赫，面对朝廷赏赐，也往往是致谢词而不居功，故而身居高位，终能全身而退。当代"大国良才"航天技师徐立平，26载微雕火药，谨慎之至，毫发无差，铸就强国利器。

同学们，"动必三省，言必再思"，要想成就一番事业，理应谨慎行事，既要耐得住寂寞，更要留得住热情。从小处做起，从细处入手，心存敬畏，权衡利弊，周密计划，精雕细琢每一个细节，切不可轻举妄动，草率行事。

锦囊三：说话有艺术。

《菜根谭》说："使人有面前之誉，不若使其无背后之毁；使人有乍交之欢，不若使其无久处之厌。"

会说话是一门学问，也是一门智慧。会说话的人，更受欢迎。

王熙凤初见林黛玉时说："天下真有这样标致人物，我今儿才算见了！况且这通身的气派，竟不像老祖宗的外孙女儿，竟是个嫡亲的孙女。"这话说得就很有水平了，短短几句话，明着是夸赞黛玉，其实暗里把贾母及贾府三位小姐全都夸赞了一遍。

有一个小伙子带女朋友回家，恰巧他父亲的朋友也在他家做客，这个朋友对小伙子夸赞道："嗯，小伙子不错，和你老爸一样，真会挑！"一句话，把小伙子以及他的爸爸、妈妈和女朋友四个人都表扬了一番。

同学们，说话是一门艺术，更是一门学问。不会说话的人，往往口无遮拦，贪图口舌之快，容易弄巧成拙，招人厌烦，人人避之不及，因而处处受限，寸步难行，甚至祸从口出；会说话的人，说话有分寸，知道哪些话该说，哪些话点到为止，相处起来舒服自在，因而左右逢源，如鱼得水。

说话的艺术在于：急事慢慢说，遇事不乱，成熟稳重，可堪信任；小事幽默说，愉悦轻松，便于接受，增进了解；没把握的事谨慎说，"君子约言，小人先言"，谨慎措辞，方显可靠，值得信任；没发生的事不胡说，"流言止于智者"，信息时代，不胡说体现品质、修养和辨别力；伤害人的事不能说，这是一种善良，正所谓"良言一句三冬暖，恶语伤人六月寒"。

同学们，以上三个锦囊，是我在这次分别之际对风华正茂的你们的嘱咐。今天，你们将从松坡园"出阁"，去演绎生命，去点燃青春，去探索世界。在未来的漫长旅途中，如果你们感到疲累、困惑、迷茫，或者喜悦、兴奋、荣耀，都可以回到这里，走一走，看一看，聊一聊，母校永远是你温暖的港湾，松坡园永远是你温馨的家！

最后，我以自创的一首小诗作结："暑往寒来十载秋，书山登顶竞风流。今朝相聚为欢送，共话师生情谊悠。榜上黄金名皆显，纵横四海任君游。相逢他日再回首，意气飞扬壮志酬。"

感谢这一场美丽的相逢，感谢三年来你们给松坡园带来的勃勃生机与欢乐，祝大家在接下来的旅程中，拥有济人之念、用事之心、报国之志；祝大家在接下来的旅途中生命不息，奋斗不止，笑容不改，丰收不断！

谢谢大家！

2020 年 7 月 9 日

满载松坡星辉，向幸福出发

——在 2021 届高三毕业典礼上的讲话

亲爱的同学们：

大家早上好！

三年前的金秋，你们满怀希望，追梦而来。

三年来，你们用朗朗书声把黎明唤醒，在指点江山间把晚霞送走，以辛勤苦学点缀着松坡园静谧的夜空。

三年来，运动场上留下了你们奔跑的英姿，松坡亭中留下了你们婀娜的倩影，凌云路上留下了你们深深的足迹。

斗转星移，又是一年盛夏，如今的你们，正踏上新的人生征程，满载着梦想的收获，即将向幸福出发！

同学们，你们是新高考改革的先行者和吹号人，今天借此机会，我给你们送一个法宝。这个法宝就是人生"三问"，即"我是谁""我从哪里来""我要到哪里去"。

第一问：我是谁？

答：我是一中人，我是 2021 届最棒的松坡学子。

司马迁牢记自己是一名史官，在尊严和使命的痛苦抉择中，认清了"我是谁"，才有了"一家之言"永表后世。苏东坡从政治的窄门中从容地走了出来，认识到了"我是谁"，他当仁不让，以一己之力造福天下；他超然物外，悠然寄情于天地之间。抗日名将吉鸿昌牢记"我是中国人"，不因国弱而耻辱，不以国破而逃亡，一道晴天霹雳，一身铮铮铁骨，转战长城内外，给日军以沉重打击。中国改革开放的总设计师邓小平，时刻不忘自己是一名共产党员，始终牢记自己是"中国人民的儿子"，为国家富强乃至世界发展做出了卓越贡献。

同学们，今年是中国共产党成立 100 周年，革命年代何以"一眼就能看出他是共产党员"？百年大党何以风华正茂？因为冲在最前面的是党员，吃苦在前享乐在后的是党员，不拿群众一针一线的是党员，炮火中淬炼出来的是高尚而纯粹的党性修养，共产党员代表着一种光荣、一种责任、一种信仰、一种力量！

同学们，当你们走出校园，脱下这身校服，我希望于茫茫人海中，一眼就能看出你是一中人，因为你是最棒的松坡学子；因为"你怎样，一中就怎样"；因为你的一笑一颦，都散发出一中人的气息和芬芳；因为你的一举手一投足，都彰显出一中人的气质和精神！

第二问：我从哪里来？

答：我从一中来，松坡精神始终与我相伴。

曾子曰："慎终追远，民德归厚矣。"南北朝著名文学家庾信有言："落其实者思其树，饮其流者怀其源。"习近平总书记也指出："一切向前走，都不能忘记走过的路；走得再远、走到再光辉的未来，也不能忘记走过的过去，不能忘记为什么出发。"

同学们，你们即将结束生命中最馥郁、最灿烂的高中三年。三年来，你们寒窗苦读、奋发有为，铸就了你们今天优秀的模样，同样，你们现在的状态，也将决定你们未来的姿态；三年来，你们明白了学习的重要性高过所有，你们顶住了压力、耐住了寂寞、学会了孤独；三年来，你们把自己的最大潜能逼了出来，用一个又一个可喜的成绩，在松坡园里编织出一片斑斓的星空；三年来，忠诚爱国、百折不挠、阳光豁达、上善若水的松坡精神已经融入了你们的每一寸肌肤、每一滴血液……

同学们，春风桃李花开日，正是少年策马逐梦时。你们即将与可观、可感、可触的松坡园挥手告别，但我希望，路漫漫，不忘为何而出发，道阻长，不丢一中本心。希望你们能始终牢记"我从一中来"，让精神上的一中家园始终与你们相伴，让松坡精神能始终存在你们的心中。因为这些能成为你们气质的脊梁，伴随你们扬帆远航；因为只有时刻不忘本来，才能更好地走向未来；因为只有扎根脚下生于斯、长于斯的土地，才能接住地气、增加底气、灌注生气，才能在时代潮流的激荡中站稳脚跟。

第三问：我要到哪里去？

答：带着母校的叮嘱与祝福，向幸福出发。

有一首歌唱得好:"你是幸福的,我是快乐的,为你付出得再多我也值得……"同学们,松坡园已经注定成为我们生命中的一部分,松坡人已经成为我们共有的名字,一中情已经成为我们一生割舍不断的情缘,隆回一中的一流之路,也必将在一代代松坡学子的接续奋斗中变为现实。在教育的征途上,我们会永远做垂荫的绿叶;隆回一中,永远会将你牵挂;80岁的母校一中,永远是你温馨的家园。

同学们,就像高考不是终点,而是新的开始一样,即将到来的大学生活也只是你们人生的一个驿站,四年之后呢,你们将何去何从?或许,有人会选择继续跋涉,通过考研、读博来充实自己;或许,有人会选择毕业上岗,在工作岗位上贡献青春智慧,无论如何,不管怎样,时代的步伐永远奔驰向前,容不得你们踌躇不定……

同学们,你为什么努力?

有人说:"想去的地方很远,想要的东西很贵,喜欢的人很优秀,父母的白发,朋友的约定,周围人的嘲笑,以及,天生傲骨。"

我想说,因为你们的前方是幸福,因为你们的心中有诗和远方,因为你们的征途是星辰和大海,因为内化于心、外化于行的松坡精神牵动着你们的灵魂,因为伟大的新时代在召唤,民族的复兴大任在召唤!

同学们!踏着国家奋勇前行的鼓点,顺应奔流不息的发展浪潮,带着母校的叮嘱与祝福,向幸福出发吧!

祝愿你们际遇美好,初心不负!

祝愿你们浮舟沧海,立马昆仑!

祝愿你们志之所趋,无远弗届!

2021 年 6 月 4 日

人生宝典：大格局与高情商
——在 2022 届高三毕业典礼上的讲话

亲爱的同学们：

大家上午好！

青涩跨入松坡园，一笑一颦思华年。三载寒暑图破壁，自信弹指一挥间。一中，转眼即成你们的母校，而今，你们又将再次出发。祝贺你们！

高考在即，战鼓铿锵，毕业不远，前路浩荡。昨日扶君上马，今朝送君一程。在这即将毕业的美好时刻，我赠你们两大人生宝典，那就是大格局与高情商。

第一大宝典：大格局

什么是大格局？大格局就是狂风大作时站得住脚，暴雨肆虐下立得住身，惊涛骇浪中定得住心。

大格局者，不囿于小。古语云："小不忍则乱大谋。"我们切不可因小失大，捡芝麻而丢西瓜。齐桓公因拘小节而致丧地数十里于燕；杨修为了炫耀自己的才华，屡屡触犯曹操逆鳞，终以扰乱军心之罪处死；吴三桂冲冠一怒为红颜，置民族大义于不顾，成为千夫所指的大佞臣。这些都是格局太小的历史笑谈。相反，鸿门宴上的刘邦，"大行不顾细谨，大礼不辞小让"，韬光养晦，忍辱负重，终于建立西汉王朝。所以，格局小的人往往容易在小事中沉沦，真正大格局的人，成事不扬，苦事不怨，烂事不辩。

大格局者，宠辱不惊。黄沾写过这么两句诗："皇图霸业谈笑间，不胜人生一场醉。"人的一生，有些事，只能一个人去做；有些关，只能一个人去闯；有些路，只能一个人去走。唯有胸怀大局，方能宠辱不惊。宋代苏东坡，当官场与文坛的污水一齐向他泼来时，他没有选择自甘堕落，即使流放海南，仍然有着"九死南荒吾不恨，兹游奇绝冠平生"的乐观。唐代豪放诗人李白，昭昭若明星之德，璀璨如日月之才，遭人诽谤，无处容身，被赐金放还，但他格局在胸，"且放白鹿青崖间"，酒入愁肠，月光酿诗，辉映半个盛唐。韩信有胯下之辱，张良蒙拾履之羞，皆因以格局为重，方能行稳致远，最终辅佐霸业。

大格局者，着眼长远。古语云："不谋全局者不足谋一域，不谋万世者不足谋一时。"风波亭上的点点残雪从没有遮住岳飞慷慨的满江红，零丁洋里的阵阵怒涛从没有卷走文天祥悲怆的汗青诗，西域路上的声声驼铃从没有掩盖当年东西文化交流的步伐……往事越千年，他们早已彪炳史册，成为民族精神的瑰宝。毛主席说："牢骚太盛防肠断，风物长宜放眼量。"习近平正是从全局的角度，站在历史长河的制高点，审时度势，一步一步带领中华民族实现着伟大复兴。

同学们，欲成大树，莫与草争。大格局者，腹中堪走马，肚里能撑船，泰山崩于前而色不变，麋鹿兴于左而目不瞬，生如蝼蚁不减鸿鹄之志，命纵纸薄亦有不屈之心。身怀大局者，拥悠然心态，处惬意人生。

第二大宝典：高情商

同学们，何谓高情商？高情商是花繁柳密处的游刃有余，山穷水尽时的左右逢源，是知世故而不世故，知进退而有分寸，是含而不露于外表的永葆初心。

高情商者，崇仪尚礼。中国自古是礼仪之邦，崇仪尚礼让人际关系和谐而美好。孔子曰："不知礼，无以立也。"美国著名心理学家丹尼尔·戈尔曼也曾说："人际交往中你让人舒服的程度决定着你所能抵达的高度。"与人交往，彬彬有礼；听人诉说，耐心真诚。举止大方得体，待人温暖如棉。真正的修养，不是高山仰止，而是温良如初。孔融让梨、程门立雪、曾子避席都是高情商崇仪尚礼的千古美谈。现代社会，人际交往更需要文明礼仪。北京某大公司招聘，5个人参加面试，面试官借故出去20分钟，5个高学历考生在20分钟里无聊地翻看办公室的材料。20分钟后考官进来，宣告面试结束，5人均未录用，理由是："我们公司不需要未经允许随意翻看别人东西的人。"5个高才生顿时深为自己的不讲礼节而懊悔。

高情商者，必善为人。待人是一门学问，也是一门艺术。高情商者能化解他人矛盾，不会在背后挑拨使坏，而是让有矛盾的双方冰释前嫌，重归于好。高情商者能换位思考，常怀感恩之心，常念他人所念，静坐常思己过，闲谈不论人非。

有一位表演大师在候场，他的弟子告诉他鞋带松了。大师点头致谢，蹲下来仔细系好。弟子离开后，他又将鞋带解开，旁人不解。大师说："我扮演的是一位长途跋涉的旅行者，松开的鞋带正好能表现他的劳累憔悴。"旁人问："那你为什么不直接告诉你的弟子呢？"大师说："他能细心地发现我的鞋带松了，并且热心地告诉我，我一定要好好保护他的细心和善良。"

　　同学们，高情商是一种温柔地面对世界的能力。真正的高情商，就是心怀善良，行有底止，说话让人喜欢，做事让人感动，做人让人想念。唯有高情商，才能失之坦然，得之淡然，争之必然，顺其自然，才能所向披靡，一往无前。

　　同学们，"再见少年拉满弓，不惧岁月不惧风"，处世有道，做人有方，那些融入你血液中的高情商和大格局，将会带你横渡万丈迷津，奔赴一场花团锦簇的远大前程。

　　最后，祝同学们走过万水千山，依然手握清欢，心掬淡泊，生活有序，心自无忧。

　　谢谢大家！

2022 年 6 月 4 日

怀念青春，致敬未来
——在2023届高三毕业典礼上的讲话

亲爱的老师们、同学们、家长朋友们：

大家上午好！

三年前，同学们怀揣梦想，踏入松坡这片深情的沃土，开始了美好而又难忘的高中旅程。时间如云，渐行渐远。一恍惚，松坡亭里的雕刻即将成为彼此的珍贵回忆，凌云路上的台阶也将成为生活经历的沉淀。

"挥手自兹去，萧萧班马鸣。"毕业在即，不忍言别，但车已到站，千言万语，说三句话。

第一句：回首三年，岁月流转，万般不易。

高中三年，疫情的阴霾让你们遭遇了前所未有的困境与考验，你们万般不容易。疫情突起，学业打打停停，吃住在寝室，开学即放假，漫长的假期消耗着本已疲惫的心，你们不容易；疫情迅猛，你们戴着口罩，也带着希望，在输液吊瓶的"滴答"声中诠释坚强，在教室此起彼伏的咳嗽声里憧憬明天，你们不容易；线上教学，你们穿越电子屏幕的隔膜，孤思独想，逆风翱翔，与知识同行，用热情和智慧精心编织着自己的高中故事，你们不容易……这三年，你们真的不容易，适逢学校加大建设，很多设施不能使用，田径场、篮球场翻修，实验室改造升级，图书馆被占用，升旗、锻炼、阅览、做实验都成了奢侈……

然而，再多的"不容易"，也阻挡不了你们前进的脚步，就算是高加索山脉的冰川，也冻结不了你们火热的奋斗激情。你们没有抱怨，没有退缩，迎难而上，用坚强的意志和顽强的毅力，怀揣诗和远方，圆满完成了学业，祝贺你们！

第二句：临别之际，万分不舍，两点叮咛。

放宽心态。5月中旬，我利用晚自习时间，来到高三各班，和你们面对面交流，希望你们"战略上藐视高考，笑傲群雄；战术上重视高考，无往不胜"。今天，我依然想强调，高考只是你人生的一道小坎，考好考差，尽力了就是成功；大学才是你人生升华的真正加油站，即使进入再好的大学，虚度年华也会被时代淘汰，成为笑柄；相反，进入再差的大学，只要不放弃，不彷徨，一样能走到人生的塔尖。

心怀感恩。有人算了一笔总账，一旦上学，除去睡觉，90%以上的时间都是和老师度过的；而一旦高中毕业，你这辈子与老师、父母共处的时间，就已经过去了93%。同学们，高考结束，既是你与高中生活挥别的驿站，也是你正式离开父母、老师的开始。此时此刻，你会蓦然发现，那个整天在你面前唠叨、啰唆的人，那个拼命催你起床读书的人，那个带领你洞察、认知这个世界的人，那个勉励、鞭策你的人，正在伤感地悄无声息地离开你。

我想，2022年秋天那个匆匆的下午定会让你剪不断，挥不去。上午学校接到疫情指挥部撤离的通知，下午县委县政府就安排了几十辆车送你们回到那个牵肠挂肚的家。疫情是那么的无情，党和政府却是那么的有爱。何其有幸啊，我们生活在这个温暖的国家！

同学们，往后的岁月请记住，这里有你亲切呼喊的一个一个响亮的名字，老师中有赵钱孙李，同学中有周吴郑王。请记住，这里有你埋头苦读、奋笔疾书的千余个白天黑夜，有你纯粹的、干净的、温暖的同窗情。请记住，无论何时何地，一中永远是为你托起希望的肩膀；母校的栽培、父母的期待、老师的目光永远是你披荆斩棘的力量。

第三句：致敬未来，万里长风，如你所愿。

同学们，我们致敬未来，未来给予我们艰辛，让我们学会生活，学会成长；我们致敬未来，未来给予我们前程，给予我们希望；我们致敬未来，未来给予我们勇气，在击倒与爬起的无限循环中依然选择坚强，让我们继续砥砺前行！

同学们，你们是无畏的风，不必仰望星辰的灿烂；你们是向往天空的雄鹰，不必羡慕小鸟的舒坦。我们生来平凡，在走向未来的路上，挫折在所难免，道阻且长。未来的日子，当你处在人生的十字路口时，请不要故步自封，多多请教你的长辈、老师；当你遇到多项选择难以决断时，请集思广益，多多请教你的长辈、老师；当你因工作生活懊恼多愁时，请保持冷静，多多请教你的长辈、老师。

致敬未来，我想了许多祝福你们的话语，最后还是一个词：如你所愿。你们是这个时代的追梦人，是未来的奋斗者和建设者，这一程结束，每一个人都拥有各自不同的结果和选择，无论选择什么，都能如你所愿地到达你想去的另一个站点；无论结果如何，哪怕是失败，你熬过的夜，付出的汗水，经历的点点滴滴，都将浓缩成你人生的精华，帮助你走向光辉的顶点，愿你享受三餐有味、四季有景的美好人生！

同学们，回首，是一段青春岁月；展望，是一番似锦前程。高三虽落幕，青春不散场。未来的邀请函正在路上，新的故事即将上演。再见了，2001 至 2028 班，再见了，我的 2023 届。祝你们：

人生华丽，四季彩虹；岁月温柔，际遇美好；妙笔生花，高考大捷！

2023 年 6 月 4 日

百日誓师篇

磨砺以须，方能华美逆袭
——在 2020 届高三年级大会上的讲话

同学们：

晚上好！

本来可以开一个大会，给大家加油、鼓劲，但是，我觉得没有像这样面对面和大家交流那么亲切，所以，我采取这种小范围交流的方式。今天我跟大家讲一个主题，那就是《磨砺以须，方能华美逆袭》，同学们要对 2020 年的高考充满信心，充分准备，成功逆袭。我的目的只有一个，争取让成绩优秀的同学考上更好的大学，让高考比较渺茫的同学看到希望，要考上二本以上的大学！

一、榜样力量：高山亦可仰，谨此揖清芬

先介绍一下我校 2019 届高考逆袭情况，通过介绍，用事实说话，让大家充满信心。2019 届高考总人数 1500 余人（含寄读），其中理科 1066 人，文科 450 人，实际上线 1072 人，重本 670 余人，清华、北大上线 3 人（其中两人王飞翔 673 分，叶丹妮 673 分，两人不愿意就读，分别选择了上海交大和中国科学院大学），实际录取 1 人，也就是排名全省 40 余名的王觉同学。

在这里，我重点说一下钟华奇同学，考前年级排名 100 余名，属一类班，该班只有 36 位学生（说明他当初还是比较好）。进到这个班来后，钟华奇同学喜欢玩 MP3，而且他手上还不止一个 MP3，其父亲好说歹说，要他集中精力努力读书，但他就是听不进去，对立情绪比较严重，"落花有意，流水无情"啊，用一句古诗来说就是："我本将心向明月，奈何明月照沟渠。"反正他不跟着你来。在这种情况下，他父亲跟我打了两次电话，都是哭着的，拜托我务必找他谈心，要他一定努力读书。我找他谈话时，先让他交出所有的 MP3，经过耐心细致的工作，考前大概还有两个月的样子，他开始一心一意读书，"浪子回头金不换"，最后考到了裸分全校第

三名——656 分的好成绩，被浙江大学录取，这是一个典型。

再说一个普通班，642 班有一个学生叫刘定伟，他在高考前两个月的时候，由于压力大，整天心烦气躁，把教室里的书全部搬回去了，他也不打算到学校来，在家里也发无名火。为什么呢？他觉得自己考不上，没有任何希望，高一考进来的时候还可以，后来不行，现在在班上老是四五十名，所以他很没信心。父母很着急，班主任也很着急。经过认真的谈心、做工作，他又把书拿回学校，重振信心，努力复习。最后，刘定伟同学被一本院校录取，考上了湖南科技大学。

这个班还有一个叫马诗蓓的女同学，班级 50 多名，从万和学校过来借读的，基础很差，稳定在班级倒数名次，考二本基本上是没有希望的。但她有一个特点，非常听话，老师讲什么，她会按照老师的要求去做，紧跟复习步伐，立足于基础知识，勤于背诵默写刷题，大胆舍弃难题，最后还是考上了二本院校。

还有一个叫肖函文的同学，也是这个班的，他成绩一般在全班 20 名左右。他有一个特点，那就是非常乐观，考得好也好、考得差也罢，他都满脸微笑，给人的感觉就是，看到他就像是看到了春天，非常乐观的一个人。其实他的基础并不是很好，但他善于思考，喜欢提问，直到弄懂为止。他上交的作业正确率 60% 多吧，但他不抄袭答案，用红笔更正，善于总结。按照常理，这个排名，要考上"985"高校是很困难的。但是最后高考，他考出 602 分的好成绩，全校上了 600 分的，也就那么八九十位同学，牺牲一点分数被西安电子科技大学录取，但专业很好！

还有一个同学，叫丁雷，考前家里遭遇了不幸，父亲患了白血病，对他打击很大，使他非常悲观，并厌学、迷茫、成绩陡然下降，带头违纪……面对这样的变故，在班主任的引导下，他及时调整心态，改正错误，重新振作起来，自己主动选坐最后一排最后一个位置，专心地读书，扎实复习，越"战"越勇，高考成绩非常惊人，冲进年级前几十名。最后该生以 639 分的实考分（另有 20 分的少数民族优惠分）被中国科技大学电子专业录取！

还有我们现在 671 班（黄辉顺老师班）的彭忠伟和陈经元同学，这两个学生分别由原来班级的第 40 名和第 46 名，到现在均考进班级的前三名。

以上这些同学，可以用两个字概括，那就是"逆袭"。全校像这种情况的同学太多了，如廖崇豪、肖福康、李瞻曦、钟伟斌、刘小乐、范文明、范方韬、杨飞、龙迪群等，这些同学都是 800 名以后，我们一共才 1066 人上了二本以上。特别是有一位同学，叫申悦，她的数学考试基本上都是倒数，50 来分，成绩比较差，但是她最后的高考成绩是 504 分，超过了重本线（500 分）4 分，被湖南理工学院录取。我们学校有一个校友姓李，他的小孩，刚才提到过，叫李瞻曦，当初是没有考上隆回一中的，成绩在班上很一般，甚至可以说是比较差的，后来居然考上了211 院校——贵州大学，那是很不容易的！

二、逆袭成因

以上这些逆袭成功的现象，我们学校 26 个班，基本上每个班都有，他们之所以能够逆袭成功，不是天上掉馅饼，都是有原因的。我把他们的逆袭成功归结为六大原因。

（一）心无旁骛：心无旁骛似明镜，无风何处起涟漪

这些同学能够逆袭成功，第一个原因是"专心"。如果用一个成语概括，那就是"心无旁骛"，同学们知道"骛"字的下面是"马"还是"鸟"？这个字是什么意思？读书需要非常"专注"。"好高骛远"这个成语我一说大家都明白，这个"骛"也是"追求"之意，喜欢高，追求远，但要注意它的感情色彩，这是一个贬义词。学语文就是要学会融会贯通，一句话，说的方式不一样，效果就不一样。

对于"心无旁骛"，孟子有一句名言："学问之道无他，求其放心而已。"求学、做学问没有别的办法，只有静下心来罢了，放心，怀清静之心，不要有杂念，把失去的心找回来。人的心在外面到处游荡，把它找回来，这什么意思呢？两个意思，第一个你心找回来的话呢，真诚就会由内而发，明确行动的方向，获得行动的力量；第二个你心找回来之后才能做主体的思考，把所有学问融会贯通。比方说我刚刚跟大家讲到的就是，学语文，也要学会融会贯通，懂得换一种说法。所以，孟子的学习的方法，就是告诉我们，学习要成功，本身就得专注而有恒，同时融会贯通、活学活用，这些方法对我们很有启发。

（二）卧薪尝胆：千淘万漉虽辛苦，吹尽狂沙始到金

第二个原因，就是能够"刻苦"。用一个成语概括，那就是"卧薪尝胆"，讲的是越王勾践，有一副对联，相信同学都很熟悉："有志者，事竟成，破釜沉舟，百二秦关终属楚；苦心人，天不负，卧薪尝胆，三千越甲可吞吴。""破釜沉舟"讲的是项羽的巨鹿之战，这是历史上以少胜多的经典战役，把饭锅打破，把渡船凿沉，只有拼命杀敌，不给自己留退路，非打胜仗不可，下决心不顾一切地干到底。我们做学问,面对高考,要能够吃苦,就是要有这种"卧薪尝胆""破釜沉舟"的决心、气概。还有一句话:"苦不苦,想想红军二万五;累不累,想想革命老前辈。"要承认,同学们读书确实辛苦,起早贪黑,但是和红军长征相比,红军要爬雪山、过草地、饥寒交迫,还要打敌人,那才是真的苦!同学们至少能够吃饱,不会挨冻……

记得我们读高中的时候,苦到哪个程度,我告诉你们,我们吃饭的时间,一般的是1分钟,这不是说我们吃饭效率高,而是"很饿",1分钟就吃完。我是隆回二中毕业的,我们全班40多个男同学,吃饭比赛,最快的是,4两米,42秒钟吃完。就餐铃声一响,百米冲刺,以最快的速度赶到食堂,饿啊,1分钟就吃完!吃的是红薯粉、霉豆腐、冬瓜、南瓜……有一次我的数学作业没有完成,数学老师就批评我:"你必须留下来,把题目做完再去吃饭!"我只有老老实实,留下来做作业,老师在旁边守着我,因有事他守不住,就先走了。他一走,我立马一溜,就去食堂吃饭,他看到我去吃饭了,也没做声,貌似故意"整"我,然后返回来问我:"你吃饭了吗?"我说没吃。见我没吃,老师又拿来4两米饭,"既然没吃,那你还是吃吧。"估计老师是掂量着我"你刚吃过还说没吃,没吃完看我怎么收拾你"。结果,我非常高兴,我又吃了4两,经常感觉饿,你们说我苦不苦? 10分钟内吃了8两米!这说明啊,我们那个时候是真的很苦。

现在你们条件还是好了很多,只要努力读书,在不到两个月的时间里,大家一定要有一种"卧薪尝胆"的精神。

(三)惜时如金:青春虚度无所成,白首衔悲亦何及

时间很宝贵!不论早晚自习还是上课,要利用好每一节课,每一分钟,该什么时候起床,立即起床,要提高时间的利用率。关于惜时的言论,可以是下里巴人,也可以是阳春白雪,我们还是要有一点文学修养。通俗点说,有"一寸光阴一寸金,寸金难买寸光阴""日月如梭,光阴似箭",高雅一点如"光阴荏苒""白驹过隙"。还有,习近平总书记在2019年元旦献词时,开篇就是八个字"岁月不居,时节如流",这就是阳春白雪。还有,理学大师朱熹有一首诗:"少年易老学难成,一寸光阴不可轻。未觉池塘春草梦,阶前梧叶已秋声。"每个同学都要明白,最好记住,也增加一点语文知识,高考也是管用的。我们要珍惜时间,时间是过得很快的,你看你们,高一进校时的情景还历历在目,恍如昨日,但转眼高三,离高考不到两个月,即将毕业。

（四）事半功倍：读书切戒在慌忙，涵泳功夫兴味长

第四个原因，就是要有效率，要讲方法。有一个成语叫"田忌赛马"，双方都是好、中、差三种马，为什么田忌赛马会赢，先以最差的马和对方最好的马比赛，先输一轮，再依次用自己的上等马和对方的中等马、自己的中等马和对方的下等马去比，2∶1获胜，这就是方法。

方法得当、有技巧，才能取胜，每一门科目都有它自身的规律和方法，一旦掌握了，你就会归纳。如英语，我高中学英语的时候，老师教我们读单词，我首先要把音标搞懂。音标弄懂后，老师带着我们读，读完一两遍，我经常被老师叫着去台上默写英语单词，记得很快，因为掌握了音标的规律，高考的时候，有些单词你可能不认识，但是你可以揣测它的意思，比方说带"y"的形容词，变成名词时，有一种情况，是将"y"改为"i"，再加"ness"。如"happy"，形容词，"幸福的"，变成名词"happiness"，这就是规律、技巧。这样的例子还有很多，如"lonely"，形容词，"孤独的，寂寞的"，稍微变更一下，"loneliness"，就是名词"孤独，寂寞"。下次你看到一个单词，虽然不认识，但是后面有"ness"，你就基本可以猜出，它可能就是一个名词。如果你只是单纯地死记，不去总结，不去归纳，那怎么行？要注意方法。

像我是学哲学的，其实是很好记的，所有的哲学，它就只有两个东西：一个是世界观，另一个是方法论。哲学就只有唯物论、辩证法、认识论三部分，每一部分都要讲"世界观"和"方法论"，这是最基本的宏观把握，这就是技巧。如果你不去宏观把握，只是一味微观地去记，可能一辈子也不晓得，整个哲学就把握不准。

（五）举重若轻：从最坏处着想，向最好处努力

第五个原因，是"举重若轻"，要有好的心态。心态好，才能够遇事不惊，宠辱不忘。宋代大文豪苏东坡是最懂生活的人，是一位值得我们终身学习的伟大生活家，他在经历几番起起落落后，终于悟到"人间有味是清欢"。他有一篇文章《留侯论》，其中有一句名言："天下有大勇者，卒然临之而不惊，无故加之而不怒。"遇到紧急事情，一点也不惊慌，这就说明要心态好！同学们考上大学以后，将来走上工作岗位，尤其是遇到挫折，那就要有好的心态。我在隆回二中的时候，有一个数学老师，王老师，现在已经退休了，80多岁了，他说有一次他和他儿子一起游泳，一个大浪打来，他一点也不惊慌，他说，只要他惊慌，父子俩就都没命了，他心态特别好，"卒然临之而不惊"，他紧紧地抓住儿子，运用合理的办法，顺着河水，慢慢地游，最后两个人都得救了。

心态好与否，从某种程度上来说，对你人生的成功与否，具有决定作用。这一点说起来容易，做起来难。将来高考的时候，考物理，或者数学，或化学，这里没做对，那里也没做对，然后问自己的同学，貌似都做对了，自己就气个半死，结果他的成绩比你还差，他可能根本就没做对，说明心态不行。退一万步来说，即使你本应考上重本，结果只是考了个二本，你也要心态好！为什么要这么说呢？因为这是我们接受考验的关键时刻，一个人的人生其实是太漫长了，谁也说不清楚，我考了二本，难道将来就一定会比考上"985"的要差？短期看起来是要差，但走上工作岗位以后，也并不见得。比如隆回一中的老师群体中，有好多研究生，但也有不少（曾经是）专科生，但他们都在一个单位教书、共事，也并没有很大区别。还有我们学校一个老师的小孩，邵阳学院毕业的，邵阳学院也并不是什么非常好的大学，但也是（不差的）大学喽，前几年参加工作，在他手下做事的有好几位是清华大学、北京大学毕业的，还有博士，他当领导，他管那些人，你说他比那些人差吗？我在这里并没有贬低清华北大的意思，我只是说以后怎么发展，这是讲不清楚的。所以说，同学们要心态好！

我送给大家两句话，无论如何，从最坏处着想，向最好处努力这就行了。这并不是说考取邵阳师专还好一些，那我就玩过去算了，这样的想法还是不行！落脚点在后半句"往最好处努力"，我努力了，没有达到预期，我无怨无悔，根本无需悲观，悲观也没什么用。

还有一个事例，1947 年 3 月，国民党发动对延安的重点进攻，面对胡宗南肆无忌惮的狂轰滥炸和 25 万大军压境，毛泽东竟然"你打你的，我先抽根烟再说"。

毛泽东良好的心态和非凡的战略定力在他的多首诗词中均有充分体现和反映。"不管风吹浪打，胜似闲庭信步"，不管有多大的风浪，碰到多大的挫折，都要保持一颗平常心，在困难面前，走路就像在庭院散步一样悠然；"五岭逶迤腾细浪，乌蒙磅礴走泥丸"，长征途中，起伏绵延的五岭山脉和高大的乌蒙山脉，只不过是翻腾着的细小波浪，如同脚下滚动的小泥球。

明代陈继儒《小窗幽记·集醒篇》说得好："花繁柳密处拨得开，才是手段；风狂雨急时立得定，方见脚跟。"举重若轻，调整心态，保持战略定力，不在局势静如止水时，不在走势泾渭分明时，恰在波诡云谲时、惊涛骇浪处。

（六）信念坚定：臣心一片磁针石，不指南方不肯休

最后一个，就是"信念坚定"，要有信心，有信念！习近平总书记经常讲的四个自信,同学们可能不知道,这在作文中也是用得上的。"道路自信",社会主义道路，坚决不走资本主义道路；"理论自信"，中国特色社会主义理论；"制度自信"，社会主义制度，它是优越于资本主义制度的；"文化自信"，有几千年的优秀传统文化！考语文，不能仅仅局限于书本所学，一定要记得多，背得多，语文成绩才能提高。要多注意观察。"世事洞明皆学问，人情练达即文章。"这是红楼梦里面的话，同学们经常在田径场跑步，你有注意观察学校的宣传横幅吗？很大、很醒目："立志、立德、立言、立行，争做社会主义建设者和接班人！"右（后）边还有一副，大家记得吗？悬挂了这么久了（一年多），你有注意观察吗？"传播知识、传播思想、传播真理，塑造灵魂、塑造生命、塑造新人。"这是习近平总书记的话，大家要注意多看！还有人说"争做社会主义建设者和接班人"，那个"争"字多余,画蛇添足，但把它划掉是不行的！"争"，就是要你追我赶，形成浓厚的氛围，青年就应该朝气蓬勃，有干劲，有热情，要争相追赶，相互学习、进步！

我们平时一定要多记多看，语文才能提高！要信念坚定，信心比黄金更重要！南宋抗元名将，也是著名文学家——文天祥，他有一句名言，大家都知道："人生自古谁无死，留取丹心照汗青。"但我今天讲的不是这一句，大家都知道的那就是下里巴人了嘛（笑），我要说另外一句"阳春白雪"的话，他的信念很坚定，不知你们是否看到过："臣心一片磁针石，不指南方不肯休！"文天祥抗击元兵，虽然力量不足，但是也要抗战到底！最后文天祥只剩下几万人，到被俘，被羞辱，直至最后被杀，他的信念坚定、诚心一片，始终不曾动摇，就像指南针一样，不指向南方，决不收兵！

"险夷原不滞胸中，何异浮云过太空？夜静海涛三万里，月明飞锡下天风。"同学们，我希望你们朝着自己的目标，坚定信念，磨砺以须，毫不动摇，以逆袭为青春镶边，用逆袭打造无悔青春！

2020 年 4 月 22 日

（本文刊载于《湖南教育》总第 1093 期，略有增删）

身心与方法齐飞

——在 2021 届高三年级大会上的讲话

奋斗松坡园，信步"211"，挺进"985"，相约博雅塔，小憩自清亭。

——寄语 2021 届高三学子

同学们：

利用今天的晚自习时间，给大家加加油、鼓鼓劲，时间不会太长。上次高考百日誓师，给大家讲了"坚持""静心""心态""方法"八个字，主要是讲考前三个来月我们怎么度过。大家状态很好，基本按照这八个字来。今晚我要讲的，是从现在到高考，以及高考期间所要注意的，我讲四个方面：

第一，要把身体健康和安全放在首位。

寒窗苦读十二载，正是出成果的时候，不容易，身体和安全方面绝对不能出问题。只要大家注意饮食，注意出行安全，晚上记得盖好被子，按时睡觉，不吃冷饮，麻辣东西不吃太多，这就没问题。

3 月份国旗下讲话时，我跟大家分享过一篇文章《保持健康是做人的责任》，当时发给了同学们，如果你丢了或者忘记了，也很正常，因为你当时不晓得那么重要，请记得找回来再看一看。为什么这么说呢？我担心高考就考这方面，这个很难说的。有同学可能会说："这怎么可能咯？"有可能！因为去年高考作文材料就是我在毕业典礼上讲的那个材料，一模一样啊，你不信？请同学们翻到《追梦青春》这本书的第二十五页，那篇文章题目叫《少年出阁擎云志，锦囊相伴必化龙》，我在里面讲了三个锦囊，锦囊一"做人要大度"，引用了齐桓公、管仲和鲍叔牙的故事，高考就考了这个！这个讲话考前我发给了几个老师，不是考试后搞的呢。现在调到万和实验学校当书记的廖敦燕，以前是我们的纪检书记兼语文老师，考前我发给了他，还发给了现在调到二中当副校长的肖佐凡老师，他们是早晓得的，但是我没有发给同学，太遗憾了！

第二，要有斗志，要有精气神，要有气魄。

做人做事绝不能萎靡不振，今天同学们都很精神，我很高兴。如果你在气势上输了，那结果可想而知。大家看过武术比赛，拳击手们上台之前，脑袋都要这么"扭几下"，走出"六亲不认"的步伐，就是要从气势上压倒对方。还有毛泽东、邓小平等都是很有气势、很有气魄的。地球那么大，在毛泽东眼里，怎么讲？"小小寰球，有几个苍蝇碰壁，嗡嗡叫，几声凄厉，几声抽泣。"乌蒙山那么高大，那么险峻，毛泽东怎么说？"乌蒙磅礴走泥丸"，就像走小泥丸子一样。秦始皇、成吉思汗、唐宗宋祖都那么有文采、韬略和成就，毛泽东怎么说？"惜秦皇汉武，略输文采；唐宗宋祖，稍逊风骚。一代天骄，成吉思汗，只识弯弓射大雕。"你再看我们的毛泽东："数风流人物，还看今朝。"很有气势！

再看邓小平，与素有"铁娘子"之称的撒切尔夫人谈判，在气势上，他直接就把撒切尔夫人压倒了，在原则问题上没有半点回旋的余地。

所以，同学们一定要有斗志，而且要把这种斗志保持到高考，我看这一届同学的斗志比上一届要好！（学生调侃："校长对上一届也是这么说的！"）我相信你们，今年这一届考上的人数要比上一届多，不信，你们等着看，而且绝对是要多一百人以上！（学生惊呼："哦！"）

第三，要沉稳不慌。

是什么意思呢？我这里是指考试期间要沉着。鲁迅先生说："我因为常见些但愿不如所料，以为未必竟如所料的事，却每每恰如所料起来，所以很恐怕这事也一律。"这段话很诙谐，意思就是说，有很多情况可能我想到"不要出现，不要出现啊"，结果出现了。高考也是这样，但愿不出现，偏偏出现了，但愿考的这些东西都是我们老师讲过的啊，结果偏偏没讲过，这样的情况每一年都有。你要知道，隆回一中的老师没讲过，难道其他学校的老师就讲过吗？隆回一中同学做不出，其他学校的同学会做得出？一样的！刁钻的、偏的都差不多的，我们一中算厉害的，你要这么自信嘛！考的就是你的心理素质，如果你看到这样的题目，老师从来没讲的，你平时也没有复习到，结果你慌了，那就不得了。要像赌王一样，牌一发完，到手一看，"哎哟，差得不得了……"（学生大笑）但他心理素质很好，周围人根本看不出，这就把对手吓住了，对手看也不敢看，输了算了。这就是良好的心理素质！所以，同学们要像苏东坡所讲的那样："天下有大勇者，卒然临之而不惊。"什么事情突然到来，再大的事，也不要惊慌；再大的事，都是小事；再大的难题，都是云淡风轻！

第四，要懂得考试策略。

同学们要清楚考试的一些基本常识，所有的科目都是有共性和特质的，平时我们要注意思考，比如说答卷和问卷分开，有些同学喜欢把答案写在问卷上，等做完了再誊到答卷上来，显得工整，那么你这个策略就是错误的。时间很紧，誊写很可能没时间，应做一个写一个答案到答卷上。还比如，题目从头做到尾，中间有障碍，你就不能死死揪住不放，如果为一个题目耽误了半个来小时，后面能够做的、会做的可能没时间做了；有障碍就跳过去，做完再跳回来做第二轮，要学会先易后难，时间充分利用。如果时间分配不合理，那就很危险。再比如作文，不管怎样，开头和结尾那几句话，你要好好润色，仔细打磨，如果一开始你就搞几个错别字，那么阅卷老师对你第一印象就不好；你这个卷面字写得不平整，从下面写到上面去了，像爬楼梯一样，肯定不行；字不能太潦草，尽量一笔一画。这都是最基本的策略。

总之一句话，希望同学们奋斗松坡园，信步"211"，挺进"985"，相约博雅塔，小憩自清亭。我把这几句话写在黑板上，作为今年高考的口号，我们到时候要把这个口号贴在高考送考车辆上面，这也是一种气势。解释一下，"信步"来源于毛泽东的"不管风吹浪打，胜似闲庭信步"。今年下学期，同学们到"211""985"大学，随心所欲地散步吧！博雅塔是北京大学的标志性建筑，自清亭是为了纪念著名的爱国学者、散文家朱自清而建的一个亭子，和我们学校的松坡亭类似。"小憩"，到那里去休息休息。

最后，祝愿同学们今年高考大捷，考上理想的大学，个个如愿以偿！谢谢！

（本文根据 2021 年 5 月 14 日晚在 688 班的讲话整理，略有增删）

苦干加巧干，圆梦新高考
——在 2022 届高三年级大会上的讲话

亲爱的同学们：

大家新年好！

我们为着一个共同的目标聚在一起。

开学之初，我曾走到高三年级每一个班级旁，在窗子外面看一看大家，却不敢进教室打扰。

为什么不敢打扰呢？因为大家正聚精会神地看书，为高考做充足的准备。我若是进教室和大家讲几句话，就会分散同学们的注意力，耽误大家的备考时间。

这种不忍打扰的心情不禁让我想起了一首歌，这首歌的名字叫《窗外》："今夜我又来到你的窗外，窗帘上你的影子是多么可爱……想一想你的美丽、我的平凡，一次次默默走开。"这首歌虽是讲述爱情的，但将它稍稍改编一二，就十分贴合我那时的心情——

今夜我又来到你的窗外，教室里的你们是多么可爱，想一想你们正准备参加高考，一次次默默走开。

这就是每一次我到你们教室旁边检查你们学习状况时的心情。

同学们，今天晚上我给大家讲的主题是"苦干加巧干，圆梦新高考"。很明显，这句话有三个意思。

第一个意思：**要有梦想**。即要有一个目标，确定好你的目标，并围绕着这个目标不断努力。

第二个意思：**学会巧干**。只有通过巧干，才能够达到事半功倍的效果。

第三个意思：**坚持苦干**。要积极地学习，克服一切困难，克服一切艰难险阻去学习。

那么，我们首先来看第一个意思——每一个同学都要有一个梦想、一个目标，朝着这个目标努力。用一首歌来描述，那就是《隐形的翅膀》。当我们情绪不好的时候，我们可以唱这首歌，从歌词中得到力量，舒缓自己的情绪。我想同学们对这首歌十分熟悉。同学们，你们在考得不好的时候，在和父母发生矛盾的时候，在同学之间发生不愉快的时候，在自己情绪特别低落的时候，唱一唱这首歌，你的心情就会好很多。作为校长，我也同样如此，在工作中也会遇到很多的麻烦，也会有很多的苦恼和不愉快。那么，我就会唱一唱这首歌，心情就会变好一点。

歌里唱道："每一次，都在徘徊孤单中坚强；每一次，就算很受伤也不闪泪光；我知道，我一直有双隐形的翅膀；带我飞，飞过绝望。"

同学们，你们现在虽然还没有美丽的太阳，但通过你们的努力，高考之后，你们就会拥有美丽的太阳。你们现在的生活可能没有社会上那些人潇洒，但是走过了六月，你们就不一样了。所以说，我们每一个同学时刻都要用这首歌激励自己。北京大学的校长特别喜欢这首歌，他和北大的学子们也曾共唱这首歌。而今天，我和大家在这里齐唱这首歌，心情非常愉快。探索楼下的展示栏里写满了同学们的目标、理想中的大学。我都一一认真看过，同学们都胸怀大志，每一个志向就是你隐形的翅膀，那么我们要带着这双隐形的翅膀，给我们力量，给我们希望，飞过绝望，圆梦新高考。

下面讲第二个意思——学会巧干，就是通过巧干，去实现我们的目标、梦想，我谈五个观点。

第一，身心健康是高考胜利的基本前提。

所谓前提，那就是没有健康，一切都是空谈。前提都没有了，那还讲什么高考呢？这个前提包括两层意思。首先，身体要健康，毛泽东同志讲得好：身体是革命的本钱。我们要把这个本钱牢牢地抓在自己的手中。我们常说：每天锻炼一小时，快乐工作五十年，健康生活一辈子。所以说身体健康是非常重要的。世界上没有哪一件事值得你拼命去干。

那么，如何实现身体健康？我想第一个肯定是要适当地锻炼，有的同学经常睡懒觉，这是不行的。除了锻炼，我们还要注意饮食，比如说哪些食物应该多吃，哪些食物应该少吃，这个很有必要。当然，除了吃要注意，还要注意休息，该休息的时候要休息。寄宿生也好，通宿生也好，我们都发现过晚上开夜车，开到凌晨一两点，这个是行不通的。此外，多穿衣服保暖，以防感冒。特别是高考的时候，身体一定要棒棒的。每一年都有这样的情况，在高考的重要时刻，却身体不适。苦战十二年，关键时刻绝不能出问题。

其次，要关注心理健康，也就是要有阳光豁达的性格。每天快快乐乐地学习，不要闷闷不乐，不管多大的挫折，阳光豁达的性格一定要保持。教育部对全国中学生的心理健康状况做过调查，显示高中学生患抑郁症的占了 27.4%，这意味着每四个人就有一人受到抑郁症的困扰。当然，大部分属于轻度的症状，但是有重度抑郁的比例达到了 7.8%，这样的数据无不在告诫我们，要关注自己的心理健康。

同时，在性格的塑造方面，我们要向大文豪苏轼学习。苏东坡的一辈子要么被贬，要么就是在被贬的路上。但即使如此，苏东坡的性格依然保持阳光豁达。在他看来，人生可以不美好，但心情一定要美好；人生可以愁云惨淡，但一定要活得风轻云淡。人生下来，不应是悲悲切切的，而应当是兴高采烈的。所以苏东坡这一辈子不像陶渊明一样逃避现实——"采菊东篱下，悠然见南山"，过着逃避现实的田园生活。他积极乐观，热爱生活。

所以，同学们不仅要追求生理上的健康，也要追求心理健康，保持阳光豁达的心态，会对你的生活帮助颇多。2019 年毕业的一个学生和他的父亲关系极差，他的父亲曾给我打了一个多小时的电话，哭着和我说："校长，你要找他谈下话，帮我解决下这个问题才好呀！"我随后找他谈了两次话，让他和他的父亲关系有所缓和。这位同学之前因为家庭问题，成绩位于全校 100 多名，谈话后，他的情绪有所改善，在当年的高考取得了全校第三名，考取浙江大学。改变后的阳光豁达性格对他的成长有很大的帮助。

第二，跟着老师走是高考取胜的基本要求。

隆回一中的同学都是优秀的，但是，我们有一些同学，认为自己比老师厉害，有些骄傲自大。特别是在老师上课时，不跟着老师课堂进度，自己搞单干，这是不行的。毛泽东讲得好："学习的敌人是自己的满足，要认真学习一点东西，必须从不自满开始。"所以，我们要跟着老师学习，才能取得好的成绩。这里和同学们讲三个例子，正所谓前事不忘，后事之师。

第一例，2021 届很多班级的同学上课不来，在家里上网课，结果上网课的同学考得一塌糊涂。

第二例，是我本人的亲身经历，当时在二中读书，高中成绩不错，特别是英语成绩，英语高考 92 分（100 分满分）。但大学时没有英语课，考研究生却要考英语。于是我开始自学，结果研究生考试中英语只有 28 分。取得这样的英语成绩是因为没有老师的指导。看起来，老师的指导似乎没什么作用，但有一句话叫：润物细无声，在潜移默化中，在轻描淡写中，你的学习能力自然而然提高了。

第三例，也是我校 2021 届文科班一位同学，平时成绩十分优异，但是高考成绩却不理想。为什么呢？原因很简单——没有跟着老师来，这位同学不来上课，学校考试也不参加，一心一意在家里自习，全程没有老师的指导。

这三个例子都在告诉大家跟着老师学习的重要性。但是，跟着老师走并不是要同学们死板地跟着老师走，或教条式地跟着老师走，这种做法是错误的，我们不能犯教条主义的错误。

第三，自主学习是高考胜利的重要法宝。

我们说的"跟着老师走"，是指在自主学习的条件之下跟着老师走，而"自主学习"也是在坚持老师教育的前提下。我们要把握好二者之间的度。在高中学习中，有大量的内容是需要我们自主学习的。

比如说：每一门课每一个同学的发展程度肯定不一样，有的语文成绩好，有的数学成绩好，有的英语成绩好等。那么，比较欠缺的科目花费的时间肯定多一些，这就是你学习的自主性。

再比方说，我们每一门课里面的知识点就每个人来说也有差异，可能这个知识点你掌握得比较牢固，而另一个没有掌握好。那么这就需要靠你的自主学习去弥补有欠缺的知识点。

第四，经典积累是高考取胜的重要法宝。

经典积累就是同学们在见到某一个知识点时，能够立刻想到老师所讲的类似题型，这就算是积累成功了。把每一个知识点的经典题型记住是不可能的，但是一些重要知识点的重要题目，你需要有意识地去记忆其解法、切入点、解题思路，这是非常重要的。

第五，适当地去做一些偏题、怪题、难题，做奥赛题、"985"大学的自主招生题。

这样的练习往往有意想不到的效果。如果说，你有这方面的资料，不妨多去看一看。不过，请注意"适当"二字，把握好时间和题量的度。每一年都有那么一两个科目会让学生考得灰头土脸。去年是物理，考试中的题目你是见所未见、闻所未闻的，所以得物理者得天下。这些题目、科目就需要同学们平时多注意奥赛题、"985"大学的自主招生题。所以说，我觉得要适当地去做这些题目，这会对我们考取好大学有很大的帮助。

当然在学习中，更多的还是要靠老师在课堂上给我们传授的方法，他们才是真正的英雄。我是门外汉，仅仅谈自己的观点。

最后一个意思，坚持苦干，积极地学习，克服一切艰难险阻去学习。

苦干，顾名思义，那就是大家要努力努力再努力。高三教学楼的一个标语写得很好：能够用汗水解决的问题绝不用泪水。所以平时多流汗，战时就少流血。叶剑英有首诗写得好："攻城不怕坚，攻书莫畏难。科学有险阻，苦战能过关。"习近平也有一句名言："现在，青春是用来奋斗的；将来，青春是用来回忆的。"希望大家都能回忆高中的苦战生活，享受成功的快乐。

结束之际，送给同学们两句话。

第一句：人生不会苦一辈子，但会苦一阵子，有的人为了逃避苦一阵子，结果苦了一辈子。

第二句：人生只有走出来的精彩，没有等出来的辉煌，你若不努力，谁也给不了你想要的生活，努力是人生的基本态度，实力才是你的尊严。

祝大家在今年的高考中不负众望，不负师望、不负家庭的期望，每个同学在高考时都能取得优异成绩！

谢谢！

（本文根据 2022 年 2 月 11 日讲话录音整理）

在隆回一中 2022 届高三百日誓师大会上的讲话

各位老师，各位同学：

大家下午好！

今天，我们在这里举行 2022 届高三百日誓师壮行会，正式吹响了高考的集结号，擂响了高考的奋战鼓。在这具有里程碑意义的大会上，我谨代表学校行政向无私奉献、默默无闻的老师们致以崇高的敬意！向锐意进取、发愤图强的同学们表达亲切的问候！向关心、支持学校工作的各位家长表示衷心的感谢！

在这振奋人心的百日誓师大会上，我要跟大家分享三个字。

第一个字是"熬"。

同学们，你们从小学到高三毕业，整整十二年，已经熬过了漫长的岁月，如今只剩下最后的一百天，就要离开校园。难道熬不过吗？一定能！

关于"熬"，我崇拜两个人：第一个是曾国藩，他是"熬"的典范。他 28 岁才考中进士，此后十余年官居二品侍郎、两江总督。这样的成功离不开他的"日课十二条"，每天做十二件事情。其中一件是"早起"，清早起床，一天两天很容易坚持，但一辈子这么坚持是不容易的。另一件就是"夜不出户"，晚上从来不出去玩。他就这样恪守"日课十二条"，最后成为了正一品大员。第二个是司马懿，他特别能"隐忍"，熬死了曹操、诸葛亮、曹丕，他一辈子都在韬光养晦，这也是"熬"的典范。

同学们，熬得住，就能够出头；熬不住，就会出局。苦过才是生活，熬过才是日子。所以，我希望同学们在这距高考最后的一百天里，守得住初心，下得了功夫，熬得住岁月。

第二个字是"磨"。

"磨"字有三个意思。《诗经》中说："如切如磋，如琢如磨。"其实就是要善于琢磨。"磨"的第一个意思是要有韧劲。我和同学们讲过"松坡精神"，那就是精忠报国的家国情怀、敢于揉碎挫折的钢铁意志、积极向上的阳光性情、上善若水的优良品质。"松坡精神"中有"敢于揉碎挫折的钢铁意志"这一点，也就是有韧劲，不惧怕任何挫折。郑板桥有一首《竹石》："咬定青山不放松，立根原在破岩中。千磨万击还坚劲，任尔东西南北风。"我们要向坚韧不拔的竹子学习，要有一种磨劲。第二个意思是磨习题。要从反复刷题中总结出做题的一般规律。不做题、不刷题，却想要得到高分，这是不可能的事情。我们知道，衡水中学考上北大清华的同学所做的题目堆积起来有一米多高，这是很不容易的。第三个意思是磨书本。要从对书本的磨炼和反复探索中查漏补缺。未来 100 天，我希望你们用心打磨生活，磨砺品质，磨炼心性，磨出奇迹。我坚信，经过岁月的打磨，你们的人生一定会沙粒成珠，璀璨夺目！

第三个是"静"。

这个"静"的第一个意思就是"清空""清零"，我们要把平时的不愉快、过往的不顺心通通归零。我曾呼吁大家向苏东坡学习，因为苏东坡就是能够清空清零的典范，他能把所有的不愉快通通归零。他被贬谪至黄州，却写出著名的《前赤壁赋》《后赤壁赋》，高举"大江东去，浪淘尽"的旷达旗帜。再被贬至惠州，他仍积极向上，写出了"日啖荔枝三百颗，不辞长作岭南人"这样的千古名句。最后被贬至儋州，也就是如今的海南岛，他同样很乐观，写出了著名的《六月二十日夜渡海》："九死南荒吾不恨，兹游奇绝冠平生。"他不怨恨任何人，而是一直坚持清空清零。虽遭遇过坏人陷害，但他到死仍认为世上没有一个坏人。同学们要如此，做到清空清零，将所有的不愉快抛之脑后，认真读书。"静"的第二个意思就是要"静气"，要安心。这里和大家分享两副对联，第一副是"此心平静如流水，放眼高空如过云"，另一副是"每临大事有静气，不信今时无古贤"。这两副对联旨在告诉大家要平心静气，静下心来学习。

最后，我用晚清名臣李鸿章的一首诗和大家共勉："丈夫只手把吴钩，意气高于百尺楼。一万年来谁著史，三千里外欲封侯。"作为青年学子，你们一定要有豪情万丈的气概，要有敢于成名成家的气魄。我衷心期待同学们：把最美的风景带到山巅，把最灿烂的笑容留到六月！

谢谢大家！

2022 年 2 月 26 日

因为"信仰"，请"狠"心"坚持"

——在 2023 届高三百日誓师大会上的讲话

各位老师，各位同学：

大家上午好！

战鼓声声催奋进，旌旗猎猎踏征程。今天是个好日子，1378 年前的今天，唐僧玄奘回到阔别 18 年的京城长安，西天取经获得圆满成功；2023 年 2 月 25 日，我们在这里隆重集会，举行 2023 届高三百日誓师大会。借此机会，我谨代表学校向无私奉献、默默耕耘的老师们致以崇高的敬意！向晨出晚归、披星戴月的同学们表示衷心的祝福！向为同学们站台，关心、支持学校工作的各位家长表示衷心的感谢！

在这振奋人心的百日誓师大会上，我跟大家分享三句经典台词。

第一句，来自 2023 年开年大热剧《狂飙》："支撑我坚持下去的，是谭思言身上，像你一样的执拗。"谭思言只是市政府的一名普通科员，他的存在很低微，但他仍然不向腐败低头，他有顽强的信念，相信正义一定会战胜邪恶。公安干警安欣和腐败斗争了 20 年，从年轻小伙到头发斑白，最终将罪犯高启强绳之以法，这也是因为信念。我们伟大的中国共产党，也是因为对共产主义的信仰和信念，从南昌到遵义，从遵义到延安，从延安到北京，由小到大、由弱到强，一步一步发展壮大，最终建立社会主义新中国。

同学们，信念的魅力，在于即使遭遇失败，也能召唤你鼓起生活的勇气；信念的力量，在于即使身处逆境，亦能帮助你扬起前进的风帆。未来 100 天，把"学习"当作一种信仰吧，让一切不可能都成为可能！

第二句，出自张艺谋执导的电影《满江红》："人不狠，站不稳。"影片中饰演孙均的易烊千玺，之所以能从"流量艺人"向实力派转型，离不开他对自己的"狠"！大家也知道，格力电器是一个专业化的企业，是一个只做空调的企业，能够用 20 年的时间，从 2000 万做到 1000 亿，从 2 万台做到 4000 万台，这样的成绩到底是来自哪里？是有"铁娘子"之称的董明珠，无论对待工作，还是对待自己，她都极其严格，工作起来没有时间概念，甚至吃饭睡觉的时候想到的都是工作，也正是因为对自己如此"狠"，她才有足够的底气，去严格要求他人；上行下效，也正是因为格力所有的员工，都有一个对自己"狠"的态度，才能把自己的产品做得越来越好，把品牌做大做强，最终在市场上站稳脚跟。

同学们，面对考试压力，不能躺平，要死磕！面对高考挑战，不能佛系，要硬核！面对学习困难，不要"摆烂"，要"内卷"！你要学会"狠心"，要逼出自己最大的潜能。

第三句，出自动画电影《深海》："坚持，天快亮了。"有着"国漫之光"美誉的动画导演田晓鹏，带着他的团队，历时七年呕心沥血带着原创动画电影《深海》再次回归，其中一段仅仅3分钟的粒子水墨，就让研发团队耗时整整两年。

李时珍用了27年著就《本草纲目》，司马迁用近15年写成《史记》，曹雪芹用近10年完成《红楼梦》，马克思创作、整理《资本论》用时40年，达尔文写就《物种起源》花了近20年。孟子曾做过一个比喻，说做事好比挖水井，必须坚持努力才能见效，如果在深挖几丈快要见泉时就放弃了，那就只能是一口废井。说到底，学习贵在锲而不舍，持之以恒。有人说，成功的秘诀有三个：第一，必须坚持；第二，必须、必须坚持；第三，必须、必须、必须坚持！

同学们，天可补，日可追，海可填，山可移。只有我们坚守初心、踔厉奋发、勇毅前行、坚持不懈，我相信我们的青春就没有地平线，我们就能伸手碰到天，实现梦想，蟾宫折桂。

2023 年 2 月 25 日

国旗下讲话篇

在奔跑中做一个幸福快乐的追梦人

各位老师、同学们：

大家早上好。今天我讲话的题目是"在奔跑中做一个幸福快乐的追梦人"。

今天，我们在这里举行新学期第一次升国旗仪式，站在鲜艳的五星红旗下，大家相互支持，相互勉励，相互鼓劲。让我们共同祝愿我们大一中猪年吉祥，诸事顺利，高考大捷；共同祝愿我们大一中莘莘学子学有所获，学有所长，梦想成真。

天道酬勤。过去的一年，我们在前进路上奋力奔跑，从校级领导到中层干部，从普通老师到每位同学，从管理阶层到服务人员，大家携手并肩，高歌猛进，越过了一个又一个沟沟坎坎，克服了一个又一个艰难险阻，打了许多恶仗、漂亮仗，很辛苦，也很充实，有付出，更有收获。目前，学校硬件建设上了一个台阶，学校南大门已顺利开通，实行 24 小时值班，有效缓解了正大门压力，师生们出入更加方便；教工食堂焕然一新，大大提升了广大教师的幸福感。高一和高二的同学在年级部的带领下，人心齐，士气旺，学风好，形势喜人，周扬、吴昊、曾依璐、阳鹏飞、刘锦哲、叶羽茜、刘宇翔、袁志涛等同学是高一、高二同学中的杰出代表；高三同学一直保持着昂扬向上、舍我其谁的气概，我校成了邵阳市省示范性高中当中一颗最耀眼的星，独占鳌头，特别是王觉、马云飞、叶丹妮、王飞翔、蒋宇晨等同学在历次省内市内联考、县内统考均一路过关斩将，抢占制高点，他们正朝着清华北大挺进，让我们以热烈的掌声，预祝他们成功！

老师们，同学们！

一年之计在于春，春天总会给人们带来新的憧憬。新学期，我们每位老师、同学都会怀揣美好的梦想，我们都是追梦人，这个梦想有着共同的内容，那就是做人更规矩，做事更踏实，学习更进步，事业更成功。马克思说："在科学上没有平坦的大道，只有不畏劳苦，沿着陡峭山路攀登的人，才有希望达到光辉的顶点。"因此，要实现梦想，那就需要努力奔跑，需要在陡峭的山路上攀登。奔跑、攀登是艰辛的，是需要付出代价的，没有钢铁般的意志，没有顽强的毅力，没有破釜沉舟、背水一战的勇气，一切都是空谈。

我坚信，我们大一中的老师们、同学们，是好样的，任何困难都吓不倒我们，任何艰辛我们都能承受，任何沟壑我们都能跨越，即使在攀登、奔跑中受伤也不会闪泪光。胜利必定属于我们，光荣必定属于美丽的松坡园。在奔跑中追梦既是艰辛的，但也是幸福快乐的。就像母亲生孩子，过程是痛苦的、难熬的，但她对成为母亲充满了期待，充满了自豪，充满了喜悦。当我们的学子们金榜题名时，我们每一位老师和管理者心中那种高兴、那种喜悦、那种快乐和幸福是无法用语言表述的。当完成学业，了却父母心愿，实现自己梦想时，我们每一位学子才感觉到今天的奔跑是值得的，今天的攀登是有回报的。到那时，我们会一起歌唱："踏平坎坷成大道，斗罢艰险又出发……"所有梦想都开花，我们拥有美丽的太阳。

老师们、同学们，在中国传统文化中，猪是六畜之首，猪年意味着风调雨顺、五谷丰登、六畜兴旺、春华秋实。不怕苦、不怕累、有志气、有骨气、敢想敢干的全校师生，在新的一年里定能大展宏图，定能满载而归！松坡园的前程一定会越来越远大！松坡园的明天一定会越来越美好！

最后，祝大家身体健康，工作顺利，学习进步，阖家幸福，万事如意！

2019 年 2 月 25 日

中考总结

老师们，同学们：

大家早上好！

光阴荏苒，日月如梭，转眼已过半期有余。中考刚刚过去，老师们、同学们对本次考试肯定会有很多的所思所想，考得好的同学可能还沉浸在胜利与备受赞誉的喜悦之中，当然，考得差的同学可能还没有从失败中走出来，懊恼、沮丧、悲观装满了脑袋。但中考毕竟过去了，想得太多也是枉然。借此机会，我主要就如何搞好后面的学习，跟同学们说几句。

一是要勤奋。

勤奋永远是通往幸福之门的法宝。古时候有头悬梁锥刺股的故事，说的就是勤奋的典型。威廉·李卜克内西说："才能的火花常常在勤奋的磨石上迸发。"华罗庚说："勤能补拙是良训，一分辛劳一分才。"这些伟人的谆谆教诲，无不说明：从来就没有天才，无论哪一个人，要想有所建树，要想成为对社会有用的人，勤奋是必不可少的。

二是要注意方法。

学习是有方法的，方法不对往往事倍功半。方法也就是技巧，记英语单词、语法需要懂得音节；记数学公式需要懂得推演的过程；记物理、化学的一些定理、定律需要掌握物理、化学现象的有关规律；记古典诗词需要明确意境；记政治原理需要在理解中记忆。做题需要举一反三，触类旁通，找出某种题型固有的内在规律，这些都是学习的方法。掌握了这些方法，我们的效率才会高，我们才能学得轻松，学得快乐。

三是要有毅力。

狄更斯说："顽强的毅力可以征服世界上任何一座高峰。"在智商、勤奋、方法大体相当的情况下，谁更有毅力，谁就会最先取得成功。同样一个班的同学，基础差不多，但有的同学能够出类拔萃，有的同学却碌碌无为，让理想成为幻想，差别就在于毅力。

四是要有好的心态。

心态很重要，我们青少年都在成长时期，心理素质差别很大。心理素质好的人，能够正确对待成功与失败。有的同学，把一时的成绩、分数看得很重，一旦考得好，就沾沾自喜，有点飘飘然了，没考之前，他是一中的，考得好了，一中全是他的了，骄傲自大；当然也有个别同学，抗压能力差，经不起挫折，经不起打击。苏东坡说："猝然临之而不惊，无故加之而不怒，此之谓大丈夫。"在本次考试中，有的同学大意失荆州，吃了败仗，垂头丧气，怨天尤人，把责任推给家长、同学，甚至老师。还有的同学甚至失去理智，哭哭啼啼，寻死觅活，叫老师、家长极度不放心。这两种情况都是不可取的。实际上，在整个高中阶段，学业成绩有点波动，甚至比较大的波动，都是正常的，关键是好好总结，继续前行。正如中国共产党在民主革命时期一样，革命总有高潮，也有低谷，总是在曲折中前进。我希望同学们记住，前途是光明的，道路是曲折的。

老师们，同学们，中考已经结束，无论成功与失败，都过去了，关键还是要着眼未来。展望未来，肯定充满了荆棘、困难和挫折，但任何困难和挫折都吓不倒我们，我们依然豪情满怀。在以后的学习和教学中，我们一定会让汗水和青春相伴，让信心和成功相随，让毅力和光荣为伍。美好的未来一定属于我们。

2019 年 5 月 13 日

保持健康是做人的责任

老师们，同学们：

早上好！

今天我讲的题目是"保持健康是做人的责任"，这是荷兰著名哲学家斯宾诺莎说的。

同学们，健康的身体不仅是个人的需求，也是家庭和社会的需求。健康虽说不是一切，但保持健康是做人的责任，失去健康你就会失去一切。

我想借这个机会跟大家说两句心里话。

第一，身体要健康。

俗话说得好："健康是幸福的基础，身体是革命的本钱。"身体健康，是人生最重要的资本。只有拥有好的身体，才能更好地学习工作；强健的体魄，充沛的体力，旺盛的精力，是你成就大事业的最大动力和最根本保证。毛主席在长沙求学时就发出了"文明其精神，野蛮其体魄"的号召，并为之以身试教，他73岁畅游长江的执着精神与坚强意志，就得益于少年时艰苦卓绝的锻炼。美国前总统西奥多·罗斯福之所以能力挽狂澜，实行"新政"，并获得成功，是由于他拥有健康这一成功的资本。

同学们，在前两次我校的开学典礼上，县委王书记叮嘱我们要牢记北大校长王恩哥的话："我们要结交两个朋友，一个是图书馆，一个是运动场。"结交运动场这个朋友，就是希望我们多锻炼。每天锻炼一小时，快乐工作五十年，健康生活一辈子。当然，我们还要懂得劳逸结合，遵守作息规律。有的同学不按作息规律办事，老是加夜班、开夜车，中午该休息的时候也拿着书或做其他的事情，进入教室就呼呼大睡，这些违背作息规律的做法，得不偿失，且不利于身体健康的。

总之，健康是可以经营的，而老板就是你自己，如果将健康当成一个户头，平时总是透支，不做投资，那么总有一天健康也会破产。

第二，心理更要健康。

心理健康主要表现为：具有开朗的性格、良好的情绪和正确的价值观，在身处困难、挫折甚至不幸时能以顽强的意志和毅力应对，能很好地调节自己渡过难关。

同学们，心理健康虽然是非智力因素，但也是非常重要的，甚至从某种程度上说起着决定作用。亨·奥斯汀说得好："这世界除了心理上的失败，实际上并不存在什么失败。"当今社会有太多的人就是因为心理不健康，而引发或衍生出诸多问题。一个心理不健康的人，不仅个人本身痛苦，也是家庭的沉重负担，所以有心理问题要正视并及时解决，保持心理健康。

那么，要怎样实现心理健康呢？途径有三条：一是要向书本学习，许多的成功人士、哲人、社会活动家在如何培养心理素质方面，有很多浅显易懂的精辟论述，这些精辟论述对培养我们良好的心理素质有极其重要的指导意义。二是要在实践中学习，要通过大量的人际交往，向榜样学习，向身边的人学习，学习他们如何待人接物，如何疏解自己的不良情绪，如何调适自己的心态。三是要自我反省锤炼，不断提升自己的思想境界，在平时的学习生活中，我们总是会遇到各种不顺心、不如意，会遇到各种矛盾、挫折、困难，我们要经常反思自己的处理方式是否正确，心态是否平稳，要经常提醒自己，一切都会过去，明天太阳一样会升起。

同学们，你的经历就是你的资本，你的责任就是你的方向，你的性格就是你的命运；保持健康是做人的责任，也是我们走向未来、承担社会责任的基石。祝愿我们的松坡学子人人都拥有一个强健的身体，拥有一个阳光的心理，拥有一个健康的人生！

2021 年 3 月 15 日

新学年，祝同学们"发""发""发"
——在 2022 年秋季第一次升旗仪式上的讲话

各位领导、老师，亲爱的同学们：

大家早上好！

在这个阳光明媚的日子里，我们迎来了新学年第一次升旗仪式。站在这里，我的心情格外激动，因为我看到了一张张充满朝气与活力的脸庞，看到了无限的希望和未来。今天，我讲话的题目是"新学年，祝同学们'发''发''发'"。

一是愿同学们意气风发。

同学们，青春是一本仓促的书，稍不留意就会被时光翻过。在这最美好的年华里，你们拥有无尽的活力和勇气，就像初升的太阳，光芒万丈。相信自己，是走向成功的第一步。每个人都是独一无二的，都有自己的闪光点和潜力。也许你擅长文学创作，能以妙笔生花书写人生的精彩篇章；也许你热爱科学探索，能在实验室里发现未知的奥秘；也许你钟情艺术表演，能在舞台上绽放绚丽的光彩。无论你的特长是什么，都要勇敢地去追求，去展现。不要因为一时的挫折而怀疑自己，不要因为他人的质疑而放弃梦想。相信自己的能力，相信自己的选择，相信自己可以创造奇迹。

古往今来，多少仁人志士在青春年少时就意气风发，立下宏伟志向，最终成就一番大业。西汉名将霍去病，十七岁出征，率领八百骑兵深入大漠，两次功冠全军，封冠军侯。他以无畏的勇气和坚定的信念，展现了青春的风采。同学们，你们也正处于人生的黄金时期，要有霍去病那样的豪情壮志，勇敢地迎接挑战，为自己的梦想而奋斗。

二是愿同学们厚积薄发。

"不积跬步，无以至千里；不积小流，无以成江海。"成功从来都不是一蹴而就的，而是需要长期的积累和努力。注重积累，是实现梦想的必经之路。在学习上，要脚踏实地，一步一个脚印，积累知识，提高能力。每一堂课、每一次作业、每一次考试都是积累的机会。认真听讲，积极思考，做好笔记，及时复习，这些看似平凡的举动，却能为你的未来打下坚实的基础。在生活中，要善于观察，多读书，多思考，积累经验，提升素养。读一本好书，就是和一位高尚的人对话；经历一次挫折，就是一次成长的机会。只有不断地积累，才能在关键时刻厚积薄发，一鸣惊人。

合抱之木，生于毫末；九层之台，起于累土。大文豪苏轼之所以能写出那么多流传千古的佳作，正是因为他一生勤奋读书，积累了丰富的知识和人生阅历。同学们，你们也要像苏轼一样，以积累为舟，以勤奋为桨，在知识的海洋中遨游，为实现自己的梦想积蓄力量。

三是愿同学们弹无虚发。

在这个竞争激烈的时代，效率就是生命，提高效率，是取得成功的关键。就像战场上的神枪手，只有弹无虚发，才能战胜敌人。学习不是时间的堆砌，而是方法的运用和效率的提升。要学会合理安排时间，制订科学的学习计划，做到有条不紊，忙而不乱。要善于总结归纳，找到适合自己的学习方法，提高学习的针对性和实效性。要集中精力，专注于学习，避免分心和浪费时间。同时，也要注重劳逸结合，保持良好的心态和身体状态，以更好地提高效率。

同学们，新学年的号角已经吹响，让我们意气风发，相信自己；厚积薄发，注重积累；弹无虚发，提高效率。在这充满希望的新学年里，让我们一起努力，一起奋斗，一起拼搏，愿你们的青春在隆回一中绽放出最绚丽的光彩！

谢谢大家！

2022 年 9 月 5 日

谈严谨

各位老师、亲爱的同学们：

大家早上好！

首先我给大家讲一个社会现象，那就是现在无论是事业单位还是国家机关的招聘考试，男生考上的比例都远远低于女生。每年我校招聘教师，70% 以上是女性，其他部门招聘也是女性占多数。是不是男性不愿意端上国家饭碗？非也。是不是男性比女性智力差些？非也。那么到底是什么原因？我想了很久，一直想不通。第一周我值周，在检查工作中发现，我校 2 栋、3 栋女生寝室比 1 栋、2 栋男生寝室规范有序得多，特别是 3 栋女生寝室，堪称寝室的榜样。我终于找到了这个问题的答案，原来，女生除了勤奋、用功、自律外，严谨也是她们人生成功的法宝。所以，今天我讲话的题目是：谈严谨。

什么是严谨？严谨就是指态度严肃、谨慎、细致、周全、完善。严谨的人具有如下特征：一是严谨做人处事，二是严谨工作生活。严谨的人把做好每件事情的着力点放在每一个环节、每一个步骤上，决不心浮气躁，不好高骛远；严谨的人对一切事情都一丝不苟，精益求精，于细微之处见精神，于细微之处见境界，于细微之处见水平；严谨的人善于安排自己的日常生活，让自己过得充实而有意义，不浑浑噩噩过日子。

那么，同学们，我们怎样才能做到严谨呢？

1. 做事有计划

卡耐基说，不为明天做准备的人永远不会有未来。这说明做事有计划是我们事业成功的必要条件。做事有计划就是要描画好前进的路线图，将所做之事安排好，有条不紊地完成预设的任务，做到今日事今日毕，决不可做到哪儿算到哪儿，做一天和尚撞一天钟。在学习上，我们有的同学就是缺乏计划性，老是欠账，结果落雨背稻草，越背越重，成绩也就越来越差。

2. 做事重细节

老子说:"天下难事,必作于易;天下大事,必作于细。"这说明,细节决定成败,做任何事情包括生活起居、为人处世都必须把握细节。做学问当然也是如此,如果不注重细节,囫囵吞枣、大而化之地学习,看似是十窍通了九窍,但到头来往往是一窍不通。

3. 做事讲标准

我们常说,人生有尺,做人有度,就是指做事要讲标准。讲标准,就不能满足于差不多,干啥都要有个样儿!决不能将就、糊弄,要力求完美,符合标准。这里的标准,不仅是你心中的自我标准,也应包含社会大众所给予的标准。心中有标准,才能把事做好;心中有标准,才能干大事!寝室内务整理要讲标准,知识的掌握和运用也要讲标准,衣着打扮、仪容仪表要符合中学生规范,这也是标准。只有这样,才称得上严谨。

4. 做事按程序

韩非子说过"万物莫不有规矩",此万物之规矩即处事之规则、程序。事物的发展是有规律和规则的,是逐步推进的,我们做事就必须遵守这些规律和规则,遵从一定程序,一步一步来,方能妥当取胜。

同学们,世间事,起于谋,工于细,成于规。希望各位同学脚踏实地,无论是学习还是做其他事情,均要有计划,重细节,讲标准,按程序。一句话:严谨,才能立于不败之地。

2023 年 2 月 13 日

祖国好，我爱你，我的国

老师们，同学们：

大家早上好！

有一首歌叫《我的中国心》，不知同学们唱过没有，我给大家唱两句："流在心里的血，澎湃着中华的声音，就算身在他乡也改变不了，我的中国心。长江，长城，黄山，黄河，在我心中重千斤；不论何时，不论何地，心中一样亲。"这首歌表达的是海外游子的拳拳爱国之情。

同学们，今天是 10 月 1 日，国庆节，是我们伟大祖国的生日。请允许我代表全体师生大声地说："祖国好，我爱你，我的国！"（互动）

首先，热爱我们的祖国，要为我们生在这个伟大的国度而自豪。今天的中国已不同于旧中国，中国共产党把为中国人民谋幸福、为中华民族谋复兴作为自己的初心使命，人民过上了丰衣足食的生活，同学们的学习条件也大为改善。对松坡园来说，有两件事值得和同学们说一下，一是去年疫情期间，县委、县政府免费将全县高中学生送到家里；二是这个月 8 号，高一 1000 名同学免费到韶山进行研学活动，我们生活在这个温暖的国家，这是何其有幸啊！难怪这次由中国政府提供专机接送参加杭州亚运会开幕式的叙利亚总统巴沙尔及夫人，由衷地发出了感叹：中国人民很幸福，生活在一个美丽的国家。

其次，热爱我们的祖国，要记住我们的先烈，幸福生活来之不易。正如《国际歌》所唱的，这个世界"从来就没有救世主"。据统计，从五四运动到红军长征，从抗日救亡到人民解放，约有 2100 多万仁人志士为了新中国的诞生牺牲了自己宝贵的生命。一寸山河一寸血，一抔热土一抔魂，革命先烈们未惜头颅新故国，甘将热血沃中华。他们踏着荆棘而来，倒在泥泞的征程中，倒在刽子手的屠刀下，倒在敌人的枪口旁……但他们前赴后继，毫不畏惧。

同学们，追寻先烈，就是触摸国家的沧桑历史；铭记先烈，既是国民情感，更是国家责任。作为新时代的追梦人，我们一定要传承红色基因，赓续红色血脉，心里时刻装着振兴中华的使命和责任，把自己锻炼成有理想、有本领、有担当的新时代青年，沿着先辈开辟的道路，以梦想为马，以团结作帆，以奋斗为桨，在心中奏响"清澈的爱，只为中国"的时代强音，向着美好的明天踔厉奋发，砥砺前行。

热爱我们的祖国，当务之急，是要以奋斗的姿态努力学习，练好本领，报效祖国。现在的中国，在以习近平同志为核心的党中央的坚强领导下，正在朝着"两个一百年"的奋斗目标阔步前进。第一个一百年的奋斗目标已经实现，第二个一百年必须乘势而上，开启全面建设社会主义现代化国家的新征程，实现中华民族伟大复兴。目前，我国无论是经济实力、科技实力，还是军事实力、国际影响力，都走在世界前列。前不久，华为召开了新闻发布会，中国已经拥有了自主研发和生产高端芯片产品的技术能力，彻底摆脱了对美国的依赖，这个成就举世瞩目，美国卡我们脖子的时代已经一去不复返了，我们不得不惊呼：厉害了，我的国！

然而，尽管如此，我们还有很多东西落后于西方，要缩短差距，还有一个很漫长的过程，需要一代又一代人的共同努力。位卑未敢忘忧国，同学们，赶超世界的历史重任就靠你们了！

同学们，让我们奋斗吧，奋斗的青春最美丽；让我们拼搏吧，拼搏的人生最精彩！

2023 年 10 月 1 日

经验交流篇

安全事故处理要坚持法、理、情、道相融合
——在全省安全管理研究会上的经验介绍

学校安全工作是底线工作，事关师生的生命财产，事关学校发展和学校声誉，事关学校大局稳定。安全事故处理不好，往往会酿成社会事件或群体性事件，每个单位不可等闲视之。

纵观以往出现的一些校园安全事故，有些是责任事故，有些事故学校没有责任。无论哪种情况的事故，学校均要从法、理、情、道四个方面入手妥善处理。

一、安全事故处理要有法规依据

现行处理学校安全事故的法律法规依据是《中华人民共和国教育法》《中华人民共和国未成年人保护法》，教育部颁布的《学生伤害事故处理办法》《中小学幼儿园安全管理办法》《学校食堂与学生集体用餐卫生管理规定》，以及湖南省十三届人大常委会第三次会议通过的《湖南省学校学生人身伤害事故预防与处理条例》等。一旦发生安全事故，划分责任是必然的，学校有没有责任，要有法律和政策依据。如果没有法律和政策依据，只要发生安全事故学校就承担责任，学校承担不起，也不必承担，在这一方面学校要理直气壮。但该承担的责任学校也应绝不含糊，比如学校校舍、场地存在明显瑕疵导致安全事故发生，学校食品、药品不合格导致的中毒事件，学校教师有不该担任教学工作的疾病导致安全事故等，学校应该承担责任。反之，学校不该承担的责任，绝不承担。

如学生在离校上学途中的事故、节假日的事故等。我县有次因为大暴雨全县中小学统一放假，有个学生在家做饭时被泥石流掩埋，学校就没有承担责任；曾经有个暑假，某县有 5 个学生下塘洗澡，全部溺亡，学校也没有承担任何责任。此外，诸如学生自行外出或擅自离校期间发生的事故、学生自行留校或自行到校发生的事故等，学校均不应承担责任。

二、安全事故处理要以理服人

法律是底线，是严肃的。但现实生活中，一旦发生安全事故，以理处事也非常重要。理就是道理，也就是说处理安全事故还要适当考虑社会风俗、传统习惯、道德要求、家庭实际等情况。比如上体育课，学生以前身体检查没有什么问题，但尽管没问题，猝死的情况也会发生；再比如学生上网，寄宿制学校学生有的甚至半夜起床，从三层以上的楼层爬下来，发生安全事故，学校平时也进行了这方面的教育，但有的学生就是不听，发生摔断脚手甚至摔死的情况。以上情况，从法律上说，学校是没什么责任的，但学生终究死或伤在学校，学校从道义以及家庭实际情况出发，适当补偿是免不了的。

三、安全事故处理要以情感人

一旦发生安全事故，无论校方有无责任，学校应该做到用感情感化学生父母。千万不能认为学校没什么责任而对家长冷漠，这往往会激化矛盾，于事无补。学校要安排专业人员做家长的思想工作，从生活、语言、行为等各个方面关爱学生亲属，要让他们感到学校的温暖，切不可伤口上撒盐。

以情服人要找到说服的切入点，可以从其家庭情况入手，可以从学校情况入手，也可以从社会现象入手，要找到和学生亲属的共振点，要让学生亲属充分感受到学校的诚恳友善，进而理解学校、体谅学校。切忌放大家庭教育的缺失，切忌出现把责任推给学生，学校无任何责任的那种高高挂起的态势。即使主要责任是学生的，甚至全部责任是学生的，也要注意说话的方式方法，做到说话委婉一点，动情一点。去年我校一名高三学生在学校放暑假的第二天溺亡，家长哭天抢地。虽然没有责怪学校，但学校组织专门力量做好学生家长的安抚工作，并发动学生为其捐款，家长非常感激学校。

四、安全事故处理要思路清晰

苏东坡说："天下有大勇者，卒然临之而不惊。"一旦发生安全事故，惊慌失措是无任何意义的，必须做到头脑冷静，不慌不忙，寻求解决的办法才是首要考虑的问题。发生事故，一般应采取以下几个步骤应对：

一是立即救人，不管是生是死，我们都不能随便判断，应立即拨打120，送往附近医院，配合医生抢救伤员。

二是立即报告，向主管部门汇报，向分管县领导汇报，向应急部门报告，一定要把握报告的时间，不能问题出了几天了还迟迟不汇报。同时要及时报告家长，公正透明，不逃避、隐瞒。

三是保存好现场，现场往往是划分责任、侦查案情的有力证据，毁坏了现场就是毁灭了证据。还有有关的影像、纸质证据要保存完好。比如学校监控、学生的一些笔记或记录、上级有关文件等要马上封存，我们可以根据这些证据来分析原因，划分责任。

四是立即召开班子会，成立应急领导机构，启动应急预案，搞好分工，有效安排好人员。成立救护、后勤、接待、处置、信息等若干工作机构，分头负责。

五是关注舆情，控制舆情。要安排专人跟踪网络信息，以最快的速度发布通稿，避免媒体炒作。去年，我们有所高中学校一名高一学生半夜从三楼跨越护栏爬下来上网，不幸摔成重伤，这个学校特别关注舆情，很快发出通稿，不给媒体乱起哄、乱炒作的机会，处理及时，效果很好。

依法办事、以理服人、以情感人、处事有道，这四者是发生事故后处理问题的重要法宝。其中，依法办事是基础，是事故处理的基本原则；以理服人是事故处理的基本要求；以情感人是事故处理的基本方法，也是以人为本的具体体现；处事有道是事故处理的关键所在。

在实践中，我们只有将四者交融在一起，以"法"明之，以"理"导之，以"情"动之，以"道"处之，在四者共同支撑下，安全事故才能得到妥善处理。

2019 年 3 月

（本文刊载于《科教新报》，略有增删）

隆回一中校园环境整治表态发言

各位领导、同志们：

　　开展校园环境大清扫、大整治、大提升行动，是加强美丽校园、文明校园建设的需要，是落实县两办〔2020〕1号文件以及县教育局部署安排的需要，也是落实农村人居环境整治和新农村建设的需要，更是为了深入贯彻落实习近平总书记关于改善农村人居环境的重要论述。

　　作为承担着工作任务的参与单位，我们深感责任重大、使命光荣。下面，我代表隆回一中作表态发言。

　　一、提高政治站位，加大宣传力度，坚决拥护上级决策部署

　　我们将认真理解和落实这次会议精神，严格按照《隆回县教育系统人居环境大清扫大整治大提升百日行动实施方案》，结合学校实际，采取悬挂宣传横幅，组织召开座谈会、誓师会等形式，作动员，鼓士气，振雄风，营造"百日行动"浓厚氛围，大力宣传环境整治的重要性和必要性，迅速研究制定切实可行的工作措施，全力以赴，不折不扣地完成工作任务，真正做到与上级思想上同心，行动上同步，工作上同力。

　　二、精心组织，细化管理，强化责任，坚决完成环境整治目标任务

　　作为校领导，我们将通过科学计划、周密安排，将目标任务逐项分解，倒排工期，高质量、高标准治理校园环境卫生。要强化责任担当，实行领导分工负责制，深入一线，靠前指挥，科学调度。相关处室、各年级组、各班级要分工明确，任务明确，责任明确。要围绕环境整治目标，制定和落实环境整治考核机制，制定考核评比奖惩办法，把评比措施落实到各处室、各年级、各班级，把工作影响落实到每位师生，把工作成效落实到校园的每个角落。

　　上级有要求，群众有期盼，我们有决心。请各位领导和同志们相信，我们决

心以此次"百日行动"为契机,全面提高思想意识、政治意识、责任意识和服务意识,以饱满的热情、高昂的斗志,尽心尽力,尽职尽责,不折不扣地抓好落实,以优美的环境、崭新的面貌,向县委县政府和县教育局交一份满意的答卷。

  我的发言完毕,谢谢!

2020 年 1 月 10 日

且把荣誉当责任，忠诚担当再出发

——在全县"十佳校长"表彰大会上的发言

尊敬的各位领导，各位校长、老师们：

大家上午好！

万千桃李清芳沁，一腔热血甘露知。伴着丰收的喜悦，我们共同迎来了第36个教师节。

今天，我们在此欢聚一堂，共同庆祝我们自己的节日——教师节。这充分体现了县委、县政府对全县教育事业的高度重视，进一步向社会表明了县委、县政府关心、支持教育事业的心声。在此，我谨代表全县广大教师同仁向一直关心支持教育和教师发展的县委、县政府、县教育局领导及社会各界人士表示衷心的感谢，向受到表彰的先进集体、优秀个人表示热烈的祝贺！

各位领导、各位同仁，教育是普惠民众的事业，在县委、县政府关心重视教育的阳光普照、雨露滋润之下，教育事业呈现出蓬勃生机，每一位教育工作者都深切地感受到：我们又迎来了教育的春天，我们真正拥有了实现教育大县向教育强县跨越的广阔平台。

今天，我很荣幸作为获奖学校的代表发言，心情非常激动。我们做了一些工作，取得了一些成绩。今年高考，隆回一中在高考生源不是很好的情况下，逆袭成功，实现了历史性突破：600分以上171人，一本上线707人，二本上线1016人，袁湘柱、周扬分别考上清华、北大。

这一来之不易的成绩，饱含着县委领导的关心、县教育局的指导、社会各界的支持和全体一中人的默默奉献。各级领导对教育的高度重视、社会各界对教育的极大关注和支持，为学校的发展注入了新的生机与活力，为我们的工作提供了更广阔的舞台。自担任校长以来，我始终牢记"为学生健康成长导航"的办学理念，牢记"校长就是服务"的基本定位，一切以师生为中心，着眼学校长远发展，让师生有更多的安全感、获得感和幸福感，着力在师德师风的"实效"上出硬招，在教育教学的"质量"上想点子,在德育工作的"细节"上下功夫,在后勤工作的"保障"上找路子,在中心工作的"规范"上做文章,在德育科研的"品牌"上花心思……总之,和在座的许多同仁一样,我只是在平凡的校长岗位上做了一些应该做、能够做和必须做的事情。

各位领导、各位同仁,今天的奖励,既是对我们的褒扬,更是对我们的鞭策;"十佳校长",既是对我们工作的肯定,更是对我们特别的嘱托和期待。在看到成绩的同时,我们更应看到我们的工作还有很多不足,与县委、县政府的要求还有一定的距离。

各位领导、各位同仁,国运兴衰,系于教育;三尺讲台,关系未来。新学期教育的蓝图已经展现,充分施展抱负和才华、倾注智慧与能力的机遇已摆在眼前,请县委、县政府放心,我们一定会在各级领导的关怀与支持下,忠诚担当,尽心尽力,尽职尽责,团结和带领广大教师教书育人,努力工作,创造新业绩,再续新辉煌。

最后,祝各位领导身体健康、工作顺利,祝各位同仁节日快乐、家庭幸福、万事如意!

2020 年 9 月 9 日

在全校班主任培训会议上的讲话

一、关于班主任身份的几个观点

1. 班主任是学校整体的重要单位，班级管理好了，学校整体状况就会好，因此，班主任的重要性也就不言而喻。

2. 班主任是要讲奉献的，班主任是学生灵魂的雕塑师，既然是塑造学生的灵魂，那么，班主任工作就是无价的。班主任待遇再高也不足为过。

3. 班主任工作是有技巧的，是个技术活。我们从事班主任工作，时时处处要三思而行，说话、做事，做思想工作、班级决策等须想好了再说或再做。

4. 教师要为人师表，班主任的为人师表尤为重要。

二、班级管理的总要求

班级管理的总要求是：整个班级要有良好的状态和风貌。具体说来：

1. 学生自我管理能力要强。学生要自觉，无需过多靠学校、老师去约束。

2. 学生讲究文明礼仪。文明礼仪不单纯表现为对老师、长辈的尊敬，更重要的表现为对同学的态度、对社会的态度，对社会公德和社会秩序的遵守。一句话，待人接物，行为举止要体现出学生的文明素质。

3. 要有良好的学习氛围。管理到位的班级，一定是学习氛围浓厚的班级。同学之间在学习上互帮互学，如切如磋，如琢如磨，你追我赶，而不是相互嫉妒。

4. 要培育好班级文化，把班级活动开展好。班级文化既有有形的一面，也有无形的一面。有形的班级文化主要表现在班级卫生、黑板报、宣传标语及其他张贴物上，要求班级卫生整洁、什物摆放及张贴有序、黑板报及标语振奋人心。无形的班级文化主要表现为班级学生的精神状态，学生充满斗志，昂扬向上，富有正义感，对真善美、假恶丑的态度符合社会主义核心价值观的要求。

三、对班主任工作的要求

1. 要有好的人品和情商。人品好的人是有人格魅力的，有人格魅力的人往往是高情商的人，说话让人喜欢，做事让人感动，做人让人想念。没有好的人品和情商，班主任工作是不可能做好的。好的人品和情商主要表现在：一是对学生具有包容性。中学生处在心理和生理的成长时期，存在一些问题在所难免，作为班主任应该有有容乃大的境界。二是尊重学生，对学生的倾诉要注意倾听，特别是班级讲话和做思想工作时，不要挖苦学生、刺激学生，多点赏识，多点鼓励，多点正面开导。三是要给学生多点关爱，不仅要关爱品学兼优的学生，也要关爱所谓的有问题的学生。四是要谦虚谨慎，虚怀若谷。谦虚是美德，谦虚使人进步，骄傲使人落后，这是再简单不过的道理。班主任不仅要在同行面前谦虚，在学生面前也要有谦虚的胸怀。五是要有好的脾气。德国古典哲学家康德说："发怒，是用别人的错误来惩罚自己。"所以，作为班主任，不要轻易在学生面前发脾气。

2. 要敬业、细心。班主任要多接触学生，对班级情况及学生个体了如指掌，然后因材施教。

3. 要服从学校和年级部统一管理。年级部和学校行政是班主任的直接领导者。对学校及年级部工作的安排、任务的布置，班主任应该积极完成，这样才能稳定学校工作的大局。

4. 要传播正能量。作为班主任，要给人希望，给人方向，给人力量，给人智慧，给人自信，给人快乐。班主任对学生的影响是潜移默化的，班主任要做学生思想的引领者，学生成长的导航者。

5. 要有教育政策意识和底线思维。现代社会的教育行为，有些看起来是合理的，但往往却是不合规的，甚至是不合法的。所以，班主任要有起码的法纪观念，不应该抱侥幸心理，政策和法律禁止做的坚决不做。

2021 年 8 月 20 日

术不可不慎也
——2020年新高考选科攻略

鹪鹩在芦苇上做窝给我们的启示——平台很重要。

一、新高考改革有关政策

（一）选科

"3+1+2"模式下，高校确定招生专业选考科目要求基本思路：

首先，高校招生按物理、历史两个类别分专业确定物理或历史科目要求；然后，在政治、地理、化学、生物4门科目中分专业选考2门科目。

（二）专业设置

每所学校设院校专业组，每个院校专业组是一个志愿单位，内含若干专业，各专业的选考科目要求相同。考生选考科目必须符合拟报院校专业组的科目要求，才具有填报该院校专业组志愿的资格。

院校专业组优点：有利于维护学校自主权；可更好地避免考生因身体等原因受限于某专业被退档问题的发生。

（三）招生专业要求公布

各普通高校在湘招生须根据教育部招生专业选考科目要求，结合本校办学特色和专业人才培养需要，对招生专业提出选考科目要求，并报湖南省教育考试院备案。备案后，湖南省教育考试院和普通高校按规定及时向社会公布，一经公布不得擅自更改。考生报考普通高校时，其选考科目须符合拟报考高校招生专业的选考科目要求。

（四）志愿填报和录取

1. 2021年合并录取批次。普通高校招生实行院校专业组平行志愿投档录取模式，按物理、历史两个类别，分列招生计划、分开划线、分开投档录取。只有本科和专科批次，不分一本、二本。

普通类专业依据考生高考总成绩（含政策性加分），参考综合素质评价择优录取。

体育类、艺术类专业依据考生高考总成绩（含政策性加分）及相应的术科考试成绩，参考综合素质评价择优录取。

2. 实行以院校专业组方式设置志愿，非提前批平行志愿录取实行分段填报志愿、分段录取。

根据实际参考人数的一定比例，按照考生总成绩，分三段填报志愿和录取（实际上是分三批）。第一段考生先填报志愿，随即投档录取；剩余计划重新公布，未被录取的第一段考生和第二段考生填报志愿后，再进行投档录取。以此类推。

第三段志愿填报和录取后，仍未完成计划的院校专业，实行征集志愿。

3. 2021年合并录取批次后，如果继续实行现行集中填报志愿模式，考生就只有一次填志愿和录取的机会（不含提前批和征集志愿），考生录取的风险加大，可能出现考生特别是高分考生因一次填报志愿失误，在第一段而落榜。为减少考生录取的风险，参照试点省份做法，实行分段填报志愿和录取。

例如，某考生成绩居前15%，在第一段填报了"985"高校，如果没有被录取，还可以继续与第二段考生一起填报志愿和录取。

（五）采用等级赋分制的办法对各组合学生分物理、历史两大类进行排名

举例说明：

等级	人数比例	赋分区间
1	15%	86-100
2	35%	71-85
3	35%	56-70
4	13%	41-55
5	2%	30-40

某考生2017年政治原始成绩为85分，在当年考生中位于前0.39%。根据左表，该成绩位于第一等级，该等级的等级分数区间为86-100分，从当年考试成绩中查询出该等级的原始分数区间为83-99分。假设其转换后的等级成绩为X，按照下面的计算公式

$$\frac{99-85}{85-83}=\frac{100-X}{X-86}$$

计算出来X≈87.8≈88（四舍五入取整数），即为考生的等级成绩。

赋分制的目的是便于不同组合进行比较，将来还是要按物理、历史两大类划分数线的。

湖南拟采用的再选科目等级赋分办法：

等级	人数比例	赋分区间
1	15%	86-100
2	35%	71-85
3	35%	56-70
4	13%	41-55
5	2%	30-40

按照教育部相关文件规定，从高到低划分为5个等级，参照正态分布原则，确定各等级人数所占比例。赋分满分100分，起始赋分30分。

转换过程：将各等级内的考生原始成绩，依照等比例转换法则，分别转换到相应的等级分数区间，再按公式计算出考生的等级成绩。

二、各组合情况分析

（一）物理+化学+生物、物理+化学+地理

◆优势分析

1. 专业选择面广，可报专业均超过了96%。

2. 学习时记背的内容较少，理解的内容较多，学科之间关联紧密。

3. 如果学霸能选地理，可以通过物化的组合和比自己优秀的同学竞争。

◆劣势分析

1. 难度大，尤其物理学科难度大，想得高分不容易。

2.物理、化学是理科学霸的首选科目选科人数多且优生多，竞争尤为激烈。竞争会异常激烈。

3.限选科目:法学门类的政治学、民族学、马克思主义理论、公安等受到限制。

●适合考生

1.物化生:（1）理科的逻辑思维能力大幅度优于文科水平。（2）目标基于"985""211"工程类院校的学生们。（3）大学不考虑学习哲学、历史类专业。

2.物化地:适合物化生的考生也同样合物化地。但一般选择物化生的都是成绩拔尖的学霸，而成绩比较优秀但又不是顶尖的学生，可以通过选择物化地的组合，对尖子生形成冲击。

（二）物理＋化学＋政治

◆优势分析

1.专业选择面广，大部分理工科专业都在可报范围内，而且政治学科也可以覆盖到一些偏文的专业，因此可报专业超过96%，一些顶尖大学专业可报率甚至能达到100%。

2.对未来发展有帮助，政治科目的加入，有利于将来考研和考公务员。

3.选择这个组合的人数少，竞争压力相对较小。

这个组合中三门学科所需的学习能力各有侧重，物理强调逻辑思维能力;化学尽管是偏理科科目，因为知识体系的因素，需要进行大量的记忆;而政治又需要良好的文字表达能力和文科素养。所以，学习该组合需要文理科素养兼备。

◆劣势分析

1.学科难度偏高，一方面是物理＋化学组合的高难度，另一方面政治学科中大量的背诵＋理解＋拓展应用，使这个组合难度飙升。

2.政治学科变化较大，考高分难。政治学科因为涉及大量时政内容，所学的和要考的会有出入，所以得高分难，浮动较大。

3.整体关联度小，学习跨度大。

●适合考生

专业覆盖率不用担心，更适合政治科目突出，文理科思维可以自由切换，有考研打算或者有意向做公务员这类职业的考生。

（三）物理＋生物＋地理、物理＋生物＋政治

◆优势分析

1.这两个组合可报专业比例均为80%以上，接近90%。

2.思考和背诵兼顾，有利于时间分配。在平时学习中，物理需要大量刷题，生物重课本知识，地理偏思维理解，政治则需要背诵，两种组合都有利于劳逸结合。

◆劣势分析

1.学习难度大，物生地要求考生理科思维强，物生政要求考生文理科思维自由切换。

2.部分专业受到限制。如化学、化工、制药类专业和部分高校医学类专业等。

3.据目前各省选科数据来看，生物、地理选科人数较多，中等考生赋分不占优势；政治科目本身很难得高分，不利于考生在高水平层次竞争。

●适合考生

1.物理成绩不错，理科思维较好。

2.有往医科方向深造想法的考生。

3.目标理工类专业考生，物理成绩不错，但化学成绩不佳。

4.有规划考研或考公务员的考生。

总之，选择这两个组合的考生是"实力＋兴趣"的群体。在具体的学习过程中，与物理和化学相比，生物学科的知识点多而零碎，许多数据都是由实验得出的，需要擅长归纳和记忆。所以，该组合适合物理成绩有优势，擅长逻辑思维能力与记忆能力强，虽有理科情结但不喜欢化学的学生。

（四）物理＋地理＋政治

◆优势分析

1.专业覆盖率偏高，达到了82%。就业方向广。喜欢物理但特别不喜欢生化的学生可以选择该组合。

2.文理科发展比较均衡，方便大学衔接。

3.无论是考研、大学课程学习或者考公务员等，选择政治会非常占优势，特点明显。（我校选该科目的人很少，去年未开）

◆劣势分析

1.在学习过程中，学生需要在理科思维和文科思维中不断切换。

2.从高考改革试点省份看，选择这个组合的学生人数较少，不利于了解自身的真实水平。

3.由于学校师资和场地的限制，大部分学校很难单独为人数少的组合设计走班课程时间表。所以，这个组合最具挑战性。

4.物理学习难度大，高分不易拿。

5.大部分医学和化工专业无法覆盖。

●适合考生

1.物理成绩不错，但生物、化学成绩不理想。

2.记忆能力强的学生。

3.文科相比于理科有整体优势，但成绩往往属于不温不火的中游水平类型。

（五）历史＋地理＋政治

◆优势分析

1.从学习难度来看，这个组合相对更轻松。从高考改革试点省份看，也是选课人数最多的组合之一。

2.学科之间关联度大，好兼顾，但竞争异常激烈。

3.这种组合更适合艺术专业、传媒专业的考生，或致力于考取汉语言文学、新闻学、马克思主义理论类、哲学类、经济学类、法学类、教育学类、文学类、历史学类、管理学类、艺术学类、气象、测绘、城市规划、水利水电、酒店管理、旅游、地质勘探、资源管理、文物保护技术等门类和专业的学生。

4.最有利于有考研、考公务员及事业单位意向的考生。

◆劣势分析

1.整体专业覆盖率低，只50%。

2.高分不易拿。

3.竞争形势并不乐观。纯文科组合专业受限严重，但选考人数并不少，往年有很多中下游的考生选考该组合，在高分段中也占有一定人群，且这些人都是学霸级人才，因此高分段的竞争没有想象中乐观。

4.这类考生进入大学，同样还要学习物化生等理科内容，会感觉很吃力。

●适合考生

1.文科成绩优异或理科成绩很弱，且对大学的专业选择有明确的目标。

2. 致力于考汉语言文学、新闻学、社会学、国际政治等专业的考生。

3. 想考艺术专业、传媒专业的考生。

（六）历史 + 化学 + 生物

◆优势分析

1. 专业覆盖率较高，部分热门专业就业选择余地大。该组合可报专业比例为65%。如果将来想要学习生物科学、食品科学、海洋科学、环境科学、植物生产类、生命科学、医学类相关专业的，也适合选择该组合。

2. 学科之间割裂感不强。化学、生物学习难度低于物理，历史以记忆归纳为主，学习起来比较容易融会贯通。

3. 性价比较高的组合。没有物理这一难度大、不易拿高分的科目。

4. 竞争相对不是很激烈。

更适合对物理不感兴趣或物理成绩不理想，化学、生物成绩相对有优势的学生。

◆劣势分析

1. 大部分工科专业受限。

2. 是较为畸形的一种选择。

3. 要想得高分，需要一定的实验能力。

●适合考生

1. 物理成绩不好，可以选择该组合，实现专业选择与报考的逆袭。

2. 平时对动植物非常感兴趣。

3. 相较于文科，更喜欢理科知识。

（七）历史 + 地理 + 化学（未开）、历史 + 地理 + 生物

◆优势分析

1. 两个专业覆盖率都在50%以上，"历史 + 地理 + 化学"可报专业比例为65%，"历史 + 地理 + 生物"可报专业比例为58%。大部分文科专业，以及化学、生物为基础的部分工科专业可以报考。

2. 学习难度低于理化生组合。

◆劣势分析

1. 史地化比史地生的优势要多一点。在赋分制度下，化学、生物两个学科会

面临更多竞争，选择这两科的很可能有大量的理科尖子生，如果化学、生物不是很突出，赋分的时候可能会吃亏。

2. 学科似乎跨度小但思维跨度大，竞争非常激烈。

●适合考生

1. 历史、地理成绩具有明显优势，对物理不擅长、对政治学科不感兴趣。

2. 擅长背诵，文字表达好的学生。

3. 动手能力强的学生，文科成绩优秀且对生物或化学非常感兴趣。

4. 想报医学类专业的考生。

5. 成绩中游的考生。

（八）历史＋政治＋化学（未开）、历史＋政治＋生物

◆优势分析

1. 专业覆盖率优于其他偏文组合。尤其是史化政的专业覆盖率在部分院校甚至达到 80%。

2. 文科的学科优势较强。三门科目的整体难度是比较低的，并且历史属于文科中的优势学科，而政治在考研及考公务员中有优势。

3. 三门学科之间没有太强的割裂感。生物、化学相对于物理逻辑要求没有那么高，需要有一定的文科能力，如记忆、归纳、总结。

◆劣势分析

1. 不适合工科尖子生或想考军校的学生。

2. 理科专业报考非常受限制，部分名牌大学的工科专业不能报，生物学科并没有太大优势，能报的专业并不多，且专业就业前景并不乐观。因此，专业覆盖率不是很高，仅为 50% 左右。

3. 一本上线率可能没有理科组合高。

●适合考生

1. 比较偏好文科，历史、政治成绩较为优秀。

2. 对生物或化学有一定喜好，或生物或化学成绩在三门理科科目中更为优秀。

3. 有文科偏好但对地理不感兴趣。

4. 文字表达能力和记忆力强，逻辑思维相对不太强的学生。

三、我校选科情况分析及7省情况

2018级选科统计表

科组	物理	历史	化学	生物	政治	地理	历史化学地理	历史化学生物	历史化学政治	历史生物地理	历史生物政治	历史政治地理	物理化学生物	物理化学地理	物理化学政治	物理生物地理	物理生物政治	物理政治地理
人数	1131	478	955	1279	487	497	0	103	0	52	212	111	633	152	67	182	97	0
百分比	70.3%	29.7%	59.4%	79.5%	30.3%	30.9%	0.0%	6.4%	0.0%	3.2%	13.2%	6.9%	39.3%	9.4%	4.2%	11.3%	6.0%	0.0%

2019级选科统计表

科组	物理	历史	化学	生物	政治	地理	历史化学地理	历史化学生物	历史化学政治	历史生物地理	历史生物政治	历史政治地理	物理化学生物	物理化学地理	物理化学政治	物理生物地理	物理生物政治	物理政治地理
人数	1251	468	802	1282	643	711	0	0	0	82	142	243	609	134	57	251	196	0
百分比	73.0%	27.3%	46.8%	74.8%	37.5%	41.5%	0.0%	0.0%	0.0%	4.8%	8.3%	14.2%	35.5%	7.8%	3.3%	14.6%	11.4%	0.0%

2020级高一选科统计表

科组	物理	历史	化学	生物	政治	地理	历史化学地理	历史化学生物	历史化学政治	历史生物地理	历史生物政治	历史政治地理	物理化学生物	物理化学地理	物理化学政治	物理生物地理	物理生物政治	物理政治地理
人数	1436	312	996	1440	379	679	11	11	3	86	66	134	841	87	43	332	104	29
百分比	82.2%	17.9%	57.0%	82.4%	21.7%	38.9%	0.6%	0.6%	0.2%	4.9%	3.8%	7.7%	48.1%	5.0%	2.5%	19.0%	6.0%	1.7%

新高考改革第三批的7个省（直辖市）2021届单科选考数据统计

科目	福建	广东	河北	湖北	湖南	江苏	重庆	平均占比	平均占比（除江苏外）
生物	66.99%	62.17%	55.11%	69.80%	56.86%	82.16%	57.99%	64.44%	61.49%
物理	51.88%	56.07%	57.71%	57.71%	53.09%	63.13%	53.50%	55.30%	54.00%
地理	56.13%	53.95%	48.74%	47.14%	53..26%	84.17%	46.17%	55.65%	50.90%
化学	44.72%	46.04%	46.57%	46.85%	47.13%	14.83%	46.27%	41.77%	46.26%
历史	48.12%	43.93%	42.29%	48.28%	46.90%	36.87%	46.51%	44.70%	46.01%
政治	32.16%	37.84%	49.58%	36.23%	42.73%	18.84%	49.59%	38.14%	41.36%

文科占比率对比

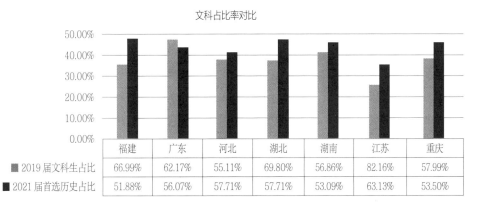

	福建	广东	河北	湖北	湖南	江苏	重庆
■ 2019届文科生占比	66.99%	62.17%	55.11%	69.80%	56.86%	82.16%	57.99%
■ 2021届首选历史占比	51.88%	56.07%	57.71%	57.71%	53.09%	63.13%	53.50%

结论：

1. 从大选看：选偏理的远远大于选偏文的。比例为 82.2 ： 17.8，这是根本不合理的。（2018 年为 70.3 ： 29.7，2019 年为 72.8 ： 27.2）

文科人数少，尤其是成绩好的同学选择文科凤毛麟角，这不利于我校文科的发展，同时，有些成绩好的同学在文科方面是有优势的，选报物理组合难以考上理想大学，而选择历史类则会大大增强竞争力。

2. 集中选择理化生组合，尤其是成绩好的同学在这一组合中占比较大（占48.1%），2018 年为 39.3%。

这一组合选择率之所以高，一是受传统文理分科的影响，二是这一组合就业前景广阔，专业覆盖率高。但这一组合的缺点是竞争很激烈，所有名校选择这一组合也是最多的。

但这意味着化生两科在赋分上会吃点亏，进入前 15% 难度很大。

3. 选择历史科目的 312 人，占 17.9%，选择政治科目的也只有 379 人，占21.7%。如果这样选科，那我校 2023 年高考，还没考就已经失败了。

需要提醒一下的是：（1）政治科目在将来是很有作用的，考研、考公务员及其他很多招聘考试，政治是必考科目。（2）历史类学生相对底子差些，成绩如果不是很突出，选择历史意味着竞争大大减弱，一般说来，会提高一个档次考上大学。也就是说，物理类能考上二本的，历史类可以上重本，物理类可以上重本的历史类可以上"211"，物理类可以上"211"的，历史类可能就会上"985"。正常情况下，物理类能考上的，历史类一定考得上。

4. 从初选的情况看：物理化学政治组合 43 人，物理政治地理组合 29 人，历史化学政治组合 3 人，历史化学地理组合 11 人，历史化学生物组合 11 人，这四科都在 45 人以下，不好开班，学校基本的思路是不走班，不增加班级。45 人以下的组合必须重新选择。

四、选科建议

1. 大选是关键，组合很重要。选大科及组合选择均要考虑自己平时的成绩、就业前景、兴趣爱好、组合竞争力等。将来划录取分数线时，等级赋分不是在同一组合中比较，不是按组合分科赋分，而是打破组合限制，直接按科目赋分，即各组合所有考生成绩按五个等级赋分。

2. 赋分的规则告诉我们：一是大方向的竞争分为物理类和历史类。高考按这两大类学生成绩分开排名排序。二是尽管分物理和历史两大块分开竞争，但化学、生物、政治、地理的赋分是不分物理类和历史类的，即这四科的单科成绩赋分是打破历史和物理两大块的，是直接按所有参考的学生等级赋分后排名的。

所以成绩稍好的同学学文科是大有前途的。建议总体成绩好，但理科成绩稍微差一点的同学选择历史类，而且要选择传统文科。

以上可知，物理类学生要想提高竞争力，打高分，选物理、政治、地理最理想，其次是物理＋政治＋化学（或生物），物理＋地理＋化学（或生物）。历史类学生要想有竞争力，选历史、政治、地理最理想，其次是历史＋政治＋化学（或生物），物理＋地理＋化学（或生物）。建议历史类学生不要选择历化生组合，顶多在化学、生物中选一门。

3. 不要只看哪科分高，有些科目难点出现在选科后。选科要结合自己的实际情况，尤其要避免仅参照成绩选科，而应根据个人兴趣和学科基础，看某一学科的成绩是否一直稳定。

4. 不建议选文理矛盾学科，不因暂时成绩回避难点。

5. 不要三心二意选择，确定后尽量不更改学科。

6. 选择太偏的学科组合有优势（比如个别学科竞争力会提高），但也有劣势，要慎重。如物理、政治、地理，历史、化学、政治，历史、化学、地理，历史、化学、生物。一是这些科目专业覆盖率不是很广；二是从初选的情况看，这些组合人数太少，学校不好组织班级；三是个别组合竞争力会加强（如物理、政治、地理），但也有些组合竞争力大大减弱（如历史、化学、生物）；四是有些组合不太好填志愿，如物理、政治、地理。

五、我校选科的计划安排

1. 我校学生选科完毕（学生签字）后，选科结果以班级为单位报教务处。请家长和同学们反复考虑，慎重决定。

2. 所有科目组合中，人数高于 45 人的组合不得重新选择。总人数低于 45 人的组合，必须重新选择一次，选择结果在 1 月 11 日 5:30 前交班主任，由班主任报教务处。

3. 选科定稿后均衡编制班级、安排班主任和任课教师。

4. 实验班同样重新按成绩均衡编班。物理类任何组合的前 50 名学生及物理类理化生组合的前 100 名学生可以进入实验班。

5. 期末考试在新班级进行，由新班主任组织。

6. 宣布两大纪律：一是同一个组合内，任何人不得更改班级；二是选科定稿后，非经严格审查和学校批准，任何人不得更改科目组合。

六、对几个问题的看法

1. 健全普通高中学生综合素质评价制度：从学生进入高一年级开始，客观记录学生在校学习成长过程，整体反映学生德智体美劳全面发展情况和个性特长，形成综合素质评价档案，作为普通高校招生录取的参考。

2. 生涯规划：生涯规划固然重要，但不必花太多时间纠结。

3. 考试难度：估计语数外物史难度会稍小，但组合科目会有比较大的区分度。

2020 年 12 月 12 日

常规教学管理的"三纲""五常"
——在全县教育教学工作会议上的发言

教学常规工作是学校全部管理工作的核心，教学常规工作抓的成效如何，直接关系到学校教学质量。

多年来，我校通过不断探索，积累了常规教学管理的很多做法，形成了隆回一中的常规教学管理模式，具体来说叫作常规教学的"三纲""五常"，现和大家分享，希望能抛砖引玉。

一、常规教学管理的"三纲"

第一纲：顶层设计优化

明朝首辅张居正有句名言："察而后谋，谋而后动，深思远虑，计无不中。"意思是明察事情原委之后再去谋划，谋划之后再去行动，只要深谋远虑，目的就没有达不到的。学校常规教学工作也是如此。对于常规教学，每学期开学初我们首先做的一件事，就是分三步搞好顶层设计：第一步，教学副校长和校长商量，初步拟订本学期常规教学工作的计划；第二步，班子会讨论并确定本学期常规教学工作的思路；第三步，教工大会上宣布本学期常规教学工作的一些具体做法。

第二纲：制度周密健全

抓好常规教学工作，没有制度不行。一方面，我们重点贯彻了教育局关于常规教学管理的制度，每个教师人手一册，安排教工大会专门学习了该制度；另一方面，学校根据自身实际，出台了很多和常规教学相关的制度，如《隆回一中关于狠抓管理、全面提高教育教学质量的决定》《隆回一中教学质量评价方案》等。

第三纲：思路不断创新

创新是一个民族进步的灵魂，是一个国家兴旺发达的不竭动力，也是中华民族最深沉的民族禀赋。我们学校的教学常规管理模式，每学期遵照教育局指示，保留传统动作，如对备课、上课、作业、考试、教学研究、考核等都做了具体要求，老师们必须不折不扣地按要求完成。同时，学校每期都有创新，如2021年下学期，我们为了加强高考研究，加强自主命题，资金由学校负责，原创试题由教研组长分工，每位教师分题目、分内容命题，做到全员参与。

本学期不遗余力抓尖子生的培养，今年我们要求每个任课教师对尖子生每天布置一题，这个题要经过仔细研究才发给学生，学生做完后要装订好后，期末还要进行回头看。

二、常规教学管理的"五常"

第一"常"：领导经常听课

为搞好常规教学中"上课"这个关键环节，我们学校实行听课制度，领导带头"四不两直"进课堂，比如：去年下学期，学校教科室做出方案，由学校领导带队，分7个组深入各年级听课。

第二"常"：教研活动常办

学校每周的星期三下午为各备课组集体备课的时间，学校每学期均安排了青年教师大比武。去年还组织了"教学与考试松坡论坛"。高三各科目由学校领导带头分时段进行高考研讨。所有文化课、体育课各教研组均要组织优秀教师上好示范课。

第三"常"：形成教师业务考试常态

为迎战新高考，学校编印了《方向》这本小册子，每人发放一本，对新高考的要求做了系统阐述，组织广大教师学习新高考业务，并进行了闭卷考试。本学期已做出计划安排，在中考后，所有教师均要参加业务考试。

第四"常"：经常督查通报

我们学校主要有四个机构负责督查常规教学工作。一是教务处，每学期不少于2次普查，抽查不少于3次；二是教科室，每个星期对每个备课组的教研活动检查1次，期末要进行总结评比；三是政教处，每天有专门的6个人检查班级教师上课和早晚辅导情况，每月书面汇报1次；四是督导室，每学期对教师和学生的教学情况要进行2次督查。每次督查分几个组，有方案，督查结果和经济利益挂钩，每次督查均有督查通报，并在教工大会上宣读，通报分表扬、提醒、警示、批评四种情况。

第五"常"：学生作业常"阳光展评"

每学期，学校均要对教师的作业批阅、学生考试的答题卷及平时作业进行"阳光展评"，通过树榜样、立标杆，让老师批阅作业、学生完成作业更认真更规范。

总之，教学常规管理工作是一门学问，也是一门艺术。艺术的生命在于创新，我今天说的只是我们学校常规管理工作的冰山一角，我期待在教育局的领导下，和更多的同行交流探讨，为提高隆回基础教育质量共同努力。

2022年2月11日

树立"三全"理念，读好"四书""五经"

2023 年 11 月 20 日，邵阳市教育局召开全市普通高中教育教学工作推进会，隆回一中 2023 年高考成绩从全市 15 所省示范性普通高中中脱颖而出，荣获 2023 年邵阳市普通高中教育教学质量"先进单位"。这一荣誉的取得得益于隆回一中以课堂为出发点和归宿点，树立"三全"理念，读好"四书""五经"。

一、树立"三全"质量观

一是树立全面质量观：隆回一中一贯坚持按要求开足开齐所有课程，音乐课、美术课、体育课、信息技术课、心理健康课、研究性学习等课程应开尽开，学校根据学生的爱好还开设了几十门校本课程，学生可以根据自己的兴趣进行选择。我们要求学生在文化学习、艺术教育、个性发展、特长培养等方面百花盛开，全面得到发展。

二是树立全员质量观：我们的目标是学生个个能成才，个个能得到发展，教师要关注全体学生，班主任要了解班情，对所有学生分成若干类别，因材施教，有针对性地做好思想工作，让不能上本科的考得上、能上本科的尽量上重点、能上重点的努力迈进"985"、"211"，个别拔尖的学生想方设法上清北。

三是树立全新质量观：全新的质量观就是既要看终端，也要看过程，要坚持过程质量与终端质量相结合。在提高质量的方法上，有全新的理念。一是师生关系与教学质量密切相关。《学记》有言："故安其学而亲其师，乐其友而信其道。"可见师生关系对于提高教学质量是多么重要。二是课堂气氛与教学质量密切相关。良好的倾听气氛可以将师生的心智融为一体，达到充分的沟通。三是落实常规就是教学质量。教学质量之基础在于教学常规，教学质量之高度在于教学智慧。教师要提高教学质量，必须从基础做起，认认真真落实好每一项教学常规工作。四是关注细节就是教学质量。我们提倡工匠精神，将简单的事情做到极致，有的同学考试失分，往往就失在习惯、卷面等细节和粗心大意上。老子说的"天下难事，必作于易;天下大事，必作于细"讲的就是这个道理。五是抓好阅读就是教学质量。双语课程不提高阅读能力，永远得不到高分，如果拘泥于书本，不广泛增加阅读量只能成为井底之蛙,所以我们要求晨读必须做到"黑板上有内容,教室里有声音"。

二、读好"四书""五经"

1. 读好"四书":"四书"是指"三本一题",即课本、笔记本、错题本、高考真题。要想考试成绩好,"三本一题"不能少。教师上课要紧扣教材,学生听课要做好笔记,复习时时常翻看笔记，要收集好做错的题目形成集子并回头看;师生均要常练高考真题，年轻教师和学生同考一张卷，同做一套题，这是高考出成绩的法宝。

2. 读好"五经":就是要牢记创新人才培养的五大方法。一是办好一个班，办一个强基班，以此突破强基计划、国家专项计划和高校专项计划。学校今年暑假投入 20 多万元，将几个尖子学生拉到长沙集训，以应对明年的三大计划考试;二是组织好周考和月考。周考由备课组组织，月考由年级组织，月考一般和名校联合考试，做到知己知彼;三是对考试进行评估和预测。每次考试都从平均分、本科上线率、特控线上线比例、600 分人数比例进行质量分析;四是做好"三包保"。任课教师包保薄弱科目学生，包保薄弱知识点，班主任包保心理特异学生;五是建设好课堂，落实好《隆回一中课堂建设规范》。从过程、组织、气氛、内容、方法五个方面提出了明确要求:课堂有趣，过程有序;目的有效，尊重个性;亲和融洽，全员参与;精讲精练，高度整合;学思结合，举一反三。要求讲座课堂知彼，试卷分析课堂知己，对话课堂知情，自修课堂知法，调节课堂知心。

凝心聚力结硕果，砥砺奋进再扬帆。隆回一中将继续跟紧课堂、夯实教研、狠抓管理、科学备考,更加团结务实、积极进取、砥砺前行，谱写优质教育的新篇章。

挥奋进之笔，书写教育精彩"答卷"
——隆回一中践行"工匠精神"推动学校高质量发展

3月29日，在城步苗族自治县教育局副局长龚芳艳的带领下，城步县教师进修学校组织该县一中、二中、职中的语文、数学、英语教研组40余人来隆回一中观摩交流。

4月13日，广东电白实验中学校长贺胜文带领该校行政及教师团队21人，来到隆回一中开展教研交流活动。

10月21日，长沙梅溪湖中学一行26人来隆回一中开展教育教学交流活动。

11月17日，邵阳市北大金秋方舟高级中学一行7人来隆回一中进行友好访问。

12月7日，临武县教育局党组书记、局长卢池云一行7人来隆回一中考察交流教育工作。

……

松坡花开，蝴蝶纷来。隆回一中深入学习贯彻习近平总书记关于教育的重要论述，牢记"办好人民满意教育"的殷殷嘱托，秉承"为学生健康成长导航"的办学理念，聚焦"工匠精神"，落实教育发展纲要，执着专注，一丝不苟，精益求精，办学品质不断提升，学校声誉不断提高，兄弟学校来校参观交流日益增多。

与党政同向，执着专注，不断擦亮"教育名片"

教育兴则国家兴，教育强则国家强。近年来，隆回县委、县政府积极推进"三宜三融三区"现代化新隆回建设，始终把教育摆在优先发展的战略地位，坚持经济社会规划优先安排教育发展、财政资金安排优先保障教育投入、公共资源配置优先满足教育需要，持续推进"教育强县"建设。

学校东大门成为县城网红打卡地，"德润""文星"两栋大楼及附属工程圆满完工并交付使用，塑胶田径场、篮球场面貌焕然一新，实验大楼"颜值"与"内涵"

兼具，教工家属区美化与亮化并存……这些，都凝聚着上级党委、政府的亲切关怀。

县委书记把隆回一中作为自己的联系点，每年到校开展大思政活动，每学期必带领县委、县政府分管领导，县财政、教育、交通、卫生等相关部门主要负责人到校召开现场办公会，每逢开学、高考、教师节等重要时间节点必到学校督查指导；县委、县政府常务会必研究该校的发展问题，在人才引进、名师培养上也是不遗余力，大开绿灯，同时主动与省内外名校和专家学者衔接，内引外联，引导一中师生开阔眼界，为学校发展把脉导航。

隆回一中党委积极作为，主动对标县委、县政府"教育强县"战略，全面领导学校工作，履行把方向、管大局、作决策、抓班子、带队伍、保落实的领导职责。学校领导班子庄严承诺，牢固树立"领导就是服务"的民本思想，注重过程和终端管理有机统一，严格落实校领导值周制，率先垂范，深入一线，勤督善导，认真务实；班子成员既各司其职又相互配合，锐意创新，勤政廉洁，凝聚力强，办事效率高，得到了广大教职员工的信任，测评满意率连续五年均达100%。

上下同欲者胜，同舟共济者赢。隆回一中2023年高考成绩突出，被评邵阳市普通高中教育教学质量"先进单位"。一年来，学校还荣获"邵阳市民族团结进步教育示范学校"等县级及以上荣誉20余项，"教育名片"不断擦亮，社会各界纷纷点赞一中："隆回的最高学府""隆回人民的精神殿堂""全县教育的一扇窗口、一个标杆、一面旗帜"……

与教师同力，一丝不苟，持续激发"内生动力"

"有高质量的教师，才会有高质量的教育"，隆回一中把加强教师队伍建设作为学校高质量发展最重要的基础工作，强化教师保障，一丝不苟，不断改进、完善教师教育管理评价机制，积极探索教师荣誉多元化激励模式，评选出21位明星教师、17位道德模范教师，开展教师综合素质大比拼，组织"师生同考一张卷"，持续激发"内生动力"，形成了优秀人才竞相从教、教职员工尽展其才、好老师不断涌现的良好局面。

"抓好教育，首先需要解决好'人'的问题。"党委副书记、校长王书博如是说。学校十分重视对新教师的培养，积极为他们提供了解、熟悉、融入集体的契机，精心构建新教师成长进步的平台。主要体现在以下三个方面：首先，学校班子组织中层干部、学科骨干对新教师全面听课,检查教学常规完成情况,进行等级评定,并在教工大会上通报,等级不合格者限期整改;其次,学校每年举行新进教师规范教学培训会,开展学科教学和班级管理两个方面的师徒结对活动,期限为2年,期满后进行综合考核;第三,学校严格实行"三一"工程,即每学期上一堂好课、命一套好题、做一套高考真题,提升专业能力,促进新进教师快速成长。

新竹欲高旧竹枝,还需老干为扶持。一年来,学校先后邀请10余位专家来校授课、讲座或报告。学校还实施名课、名师"双名"工程,积极开展"师傅上示范课、徒弟上汇报课、全员听课评课"活动,同时依托名师创建名师工作室、学科工作坊,如湖南省名师网络工作室——刘烨高中英语名师网络工作室、邵阳市示范性劳模和工匠人才创新工作室——刘烨劳模创新工作室、隆回县名师工作室——陈桥时高中数学名师工作室、肖绥城高中物理名师工作室等,通过结对子、一带多、多带片,更广泛引领辐射,实现双向奔赴,共同成长。

一花引来百花开,争奇斗艳满松坡。隆回一中教师年龄结构日趋合理,师资队伍整体实力不断增强,现有教职工342人,其中35岁以下教师115人(占比33.6%),有正高级教师3人,特级教师2人,高级教师126人;以2023年为例,肖绥城获评湖南省正高级教师,刘红清、向云、张盼、段秀芳、阳琪、范燚、岳灵、肖时珍、彭咏思等30余位教师在省、市、县级教学比武(精品课)中获奖。在邵阳市2023年高中教师业务知识测试中,隆回一中荣获"团体优胜奖",其中生物、地理两科获单科平均分第一名。

与学生同心,精益求精,倾情培育"时代新人"

"培养什么人,是教育的首要问题。"隆回一中把培养德智体美劳全面发展的社会主义建设者和接班人作为根本任务,以学生为本,立足课堂,精益求精,着重在"三全""四书""五经"方面下足功夫。

浇花浇根,育人育心。隆回一中精心呵护每一朵花,致力于让每一位学生成为最好的自己。学校每年均有2人或以上考入清华北大,每年考入985、211、双一流高校的学生均在220人以上。以2023年为例,学校高考本科上线1378人(占比90.5%),其中985高校录取73人,600分以上128人,211高校录取177人,双一流高校录取225人,过特控线1082人(占比71.1%),有3人过清北线,方凌峰考取清华大学，学业水平考试合格率 100%，高考、学考各项指标位居邵阳市内省示范性高中前列。在第 31 届世界记忆锦标赛中国总决赛中，2302 班欧阳语涵斩获少年组金牌；在 2023 年四大学科奥赛中，共有 22 人次荣获全国二等奖，36 人次荣获三等奖，位居全市前茅。在湖南省"三独"比赛中，有 2104 班欧阳茜等 6 人次获省一、二等奖；在隆回县高中生校园篮球赛中，学校男篮、女篮双双夺冠；在全国象棋校际联赛县级选拔赛中，有 2313 班肖骁等 4 人次获一、二等奖；红杏文学社社员在国家、省、市各类大型征文比赛中获奖 100 余人次，发表各类文学作品 180 余篇（首）。

　　星光不负赶路人，江河眷顾奋楫者。面向未来，隆回一中将持续践行"工匠精神"，以"执着专注"的思想状态，"精益求精"的品质追求，"一丝不苟"的自我要求，"追求卓越"的理想信念，继续深化教育改革，挺膺担当，不辱使命，挥奋进之笔，在"办好人民满意教育"的这张时代"答卷"上精彩作答。

（本文刊发于《邵阳城市报》12 月 23—27 日两会特刊）

成为那束光

那是两年前（2021）年的春节，我意外地接到了一通陌生电话，一通来自家长的求助电话。

这位父亲在电话中几近哽咽地向我诉说着孩子的情况：孩子叫钟华（化名），今年高三了，在家凡事和父亲对着干，每次放月假回家都要和父亲吵架，面对父亲的教育，甚至出言不逊，顶嘴说父亲一点不懂教育的事，懒得和父亲说。这位父亲在外务工，干着最累的苦力活，回到家却得不到儿子的体谅，一时，心酸、无奈……万般情绪夹杂，竟在电话那头痛哭起来。

我并不认识这位家长。电话的最后，他再三请我一定要帮他做做孩子的思想工作。

"男儿有泪不轻弹。"这是一位父亲的无奈之举，也是他对我和学校的一份信任。

事后，我联系了钟华的班主任，通过了解，发现钟华这孩子其实头脑真的很聪明，只不过是学习不努力、爱贪玩，特别喜欢玩手机，常常偷偷准备两个，老师收缴了一个，他还藏有一个，玩"狡兔三窟"的小把戏，因而成绩由入校的年级前五十掉至好几百名；且因不讲卫生、在课桌周围乱丢垃圾、不参与集体劳动等不良个人习惯，同学们对其皆颇有微词。

"这么聪明的孩子，如果不好好教育那真的是太可惜了……"我咬咬牙，心里这么想，"既然父母信任我，作为校长，我觉得有这么一份责任。"

高三开学后，我常常行至他的班级，在窗外观察他的表现，也在寻求一个适时的交谈机会。

某次晚自习巡查，我发现与班上其他埋头苦读的学生不同，钟华在座位上不时调整他的坐姿，左手握拳撑住头，右手持笔，时而转笔，时而在纸上画上几笔，透着一股"奇怪"，估计是又犯老毛病了。

我悄悄来到他身边，拍了拍他，他猛然一怔，抬头看我，诧异之余，慌张一闪而过。我对他笑笑，示意他随我出来。

初春的天气还带着些冬日的寒意，出教室门的那刻，他似是打了个寒战，耸了耸肩，稍显迟疑地走向我。

他双手插在兜里，不敢看我。

"你最喜欢听什么歌？"我问他。

"说唱，因为够真诚，让人感觉很自由。"他眼里突然有了光芒。

"说唱不错呀！我也听过，我最喜欢那首《等闲之辈》。"我拿出手机放给他听。

"我不是一个等闲之辈，等闲之辈，别再被焦虑整天支配，整天支配……你可以在歌里写下梦想的现实，但谨记别不学无术，空壳里的隔离离开了现实的梦想，它真的一点不酷。"

熟悉的说唱旋律让他慢慢有了笑意，而后又像是想到了什么，慢慢肃然，我想他懂得了音乐的真正意义。

他的双手在衣兜里捣鼓了一会，而后像是做了什么决定，伸出左手，手心便是他的"备胎"手机。

"我知道了！"他看着我说，眼神里透着某种坚定。

"我知道。"我欣然点头。

那天，我们聊了许多，关于理解，关于委屈，关于释怀，关于过去，也关于未来。

钟华回座位前，我向他提了一个小要求："行为是面镜子，在它面前，每一个人都显露出各自的真实面貌。能不能答应老师，以后每一天注重卫生问题、积极参与班上集体劳动？毕竟每一个人在日常生活中的无心之举，恰恰是个人涵养的体现。"

他点点头，有些不好意思。

再次听到他的名字时，他已是班上"黑马"，大家都说他像是变了个人似的，桌面不再杂乱无章，座位周围也干干净净，热心参与班级各项集体活动，早已是班上交友的"热门"人选。

听到这些，我很欣慰，却仍放心不下他和其父亲的关系。于是，我在全校范围内开展了"感恩教育"专项活动，希望能够帮助学生树立感恩意识，让学生学会识恩、知恩，善于施恩。

后来的某一天，他的语文老师在微信上给我发了一张长图，是钟华的一篇习作，他在作文中这样写道：

"有些困惑，有些迷茫，有些不知所措，似乎就这样浑浑噩噩过着日子也习以为常，直到那束光照进，我明白，这不是我想要的人生……"

故事的后来，我在高考喜报上看到了钟华，高考裸分全校第三，顺利被浙江大学录取。

　　每一位学生都是一颗种子，都需要阳光的喝彩，雨露的呵护，无论什么样的学生，都渴望老师给他"一束光"。

　　"只要心中有光，终会灿烂一场。"我一直坚信。

　　做学生成长路上的一束光，照进他们的心间，是我一直在追寻的事情。

　　　　　　　　　　　　　　　　　　　（本文刊发于 2024 年 1 月《高中生》）。

活动致辞篇

在隆回一中高二家长会上的讲话

尊敬的各位家长、各位同学：

大家好！

我是赵旭红，现为隆回一中新任校长。毛泽东同志说："我们都是来自五湖四海，为了一个共同的目标走到一起来了。"今天，我们把大家召集拢来，目的就是要共同探讨如何让你们的孩子学有所成、学有所获，将来成为国家和社会有用的人才，成为每个家庭的中流砥柱。在这里，我要感谢各位家长能在百忙之中抽出宝贵时间来隆回一中指导工作，你们的到来是我们的荣幸，你们将小孩托付一中培养，这是对一中的信任、肯定和莫大的支持，谢谢你们。

学校教育、家庭教育、社会教育有机结合，历来是教育家所重视的一个课题。三种教育互相补充，互相促进，才有利于孩子健康成长。借此机会，我向各位家长汇报一下学校工作：

一、学校基本情况

我校自1942年办学，已走过了76年的风雨历程。我校现有76个教学班级，共4408名学生，其中高二有25个班级，有学生1465人。目前有教职员工近300人，其中高级教师152人，硕士研究生22人。学校每年高考一本上线500人以上，二本上线1000人左右，北大清华每年1至5人。隆回一中在邵阳市是有名的省级示范性高中，在湖南省内也是叫得响的一所重点中学，每年从松坡校园走出的莘莘学子大多成为国家栋梁。如全国总工会副主席周玉清、解放军少将阮炳黎、国家科技进步奖一等奖获得者范子菲、河南三门峡市委书记刘南昌等，均是校友的杰出代表。

二、目前高二的状况

1. 教育教学抓得实、抓得严、抓得好。学校实行年级部管理模式，高二年级各项工作井井有条，无论是班主任工作、教学工作，还是学风建设，都赢得了大家的一致认可。目前，同学们士气高昂，有着一股"只要学不死，就往死里学"的英雄气概，有的同学已暗下决心，向着："985""211"的目标，废寝忘食、卧薪尝胆。

2. 关于德育工作，今年我校注重了对学生人生规划教育、养成教育和行为习惯教育。我们突出了学生心理疏导和个别谈话，实行差异化教育，因材施教。在这里，渴望各位家长配合年级部、班主任关注小孩的日常生活，关注学校作息时间，关注小孩的异常表现，全力做好各项后勤保障，为小孩紧张、快乐、平安的学习保驾护航。

三、要正确对待每次考试

高二实行月考制度。关于考试，我想讲几个观点，第一，每次考试，我们家长可能对小孩考个全校第几名非常看重。其实，考第几固然重要，更重要的是要总结好。有位哲人说过，忘记过去，必定会重蹈覆辙。可见总结是多么的重要。第二、高中阶段是一次长跑，在奔跑过程中，短暂的落后非常正常，从来就没有永远的胜利者，只有谁最先走到终点谁才是最后的赢家。第三、每次考试，考得好时一定要克服骄傲自满的情绪，骄傲是成功的天敌。毛主席说："学习的敌人是自己的满足。"要认真学习一点东西，必须从不自满开始。

同学们，家长朋友们，高中阶段是人生成长的黄金时期，也是最辛苦、最能磨炼意志的关键时期，高中三年成功了，人生就成功了一半。让我们记住习近平总书记的话："现在，青春是用来奋斗的，将来，青春是用来回忆的。"让我们携起手来，同舟共济，众志成城，卧薪尝胆，一年半以后，站在成功的金字塔顶回忆这美好的青春时光吧。

谢谢！

2018 年 12 月 22 日

在隆回一中75届校友荣归母校座谈会上的讲话

尊敬的各位领导，亲爱的75届校友们、同学们：

大家下午好！

"一年好景君须记，最是橙黄橘绿时。"在这硕果满枝、温暖迷人的十一月，我们75届部分校友怀着对母校的一片赤诚和挚爱，怀着对师生情谊的依恋，荣归母校。大家欢聚一堂，同叙师生情，共话同窗谊，其乐融融，我倍感欣慰。在此，我谨代表学校对大家的到来表示热烈的欢迎，向长期以来关心、支持母校建设和发展的校友表示衷心的感谢。

各位校友，光阴荏苒，时光飞逝，转眼大家已经从母校毕业45年了。45年来，学校已经发生了很大变化。借此机会，我从学校基本情况、主要成绩、设施改善和近期规划等几个方面向各位领导和校友做一个介绍和汇报：

一、基本情况

隆回一中创办于1942年，其前身系著名经济学家李剑农先生为纪念爱国名将蔡锷而督导创办的松坡中学，1980年升格为湖南省重点中学，2004年被确定为湖南省示范性普通高级中学。学校占地面积98580平方米（约148亩），建筑面积84905平方米，现有教职员工312人，其中特级教师2人，高级教师133人，国家级骨干教师3人，省级骨干教师18人，县级以上中青年专家、学科带头人46人。学校现有81个教学班级，在校学生5080人。

二、主要成绩

1.高考赓续佳绩。近80年来，学校弘扬"心忧天下、敢为人先、经世致用、实事求是、百折不挠、兼收并蓄"的松坡精神，与时俱进，开拓创新，取得了一项项骄人的业绩。共培养出清华、北大学生 63 人。2020 年高考，有 4 人上了清北线，最终录取 2 人，其中袁湘柱 712 分，名列全省前 10，被清华大学录取;周扬 696 分，被北京大学录取；670 分以上 8 人，600 分以上 171 人；一本上线 707 人，二本以上上线达 1016 人;庞贞宇（语文 134 分）、蔡胜锋（理科综合 291 分）、钟加尧（理科综合 290 分）等三名同学成为全省"单科王"。高考成绩稳居邵阳市前二。

2. 德育凸显特色。学校坚持"为学生健康成长导航"的办学理念,着力打造以"立德、立志、立言、立行"为内容的"四立教育"德育品牌,不断创新和提炼德育活动主题,探索出一条特色德育之路,做到每月有活动,其中 6 月份的毕业典礼系列活动对于落实学生的感恩教育、理想教育和信心教育产生了积极影响。学校"四立教育"纪实开展情况在《湖南教育》（2020 年 9 月 15 日总第 1101 期）作了专题报道。

3. 荣誉见证实力。近年来,学校先后荣获"全国教育系统先进集体""全国百强中学""全国国防教育特色学校""全国群众体育工作先进集体""全国社会实践教育先进单位""湖南省课改样板校""湖南省艺术教育先进单位""湖南省现代化技术教育实验学校""湖南省优秀体育传统项目学校""湖南省模范职工之家"等百余项国家级、省级荣誉称号。

当然，这些成绩的取得，离不开县委、县政府、县教育局的正确领导，县委书记王永红同志更是两次参加了学校的开学典礼，作重要讲话，勉励我校师生，并多次深入教育教学一线，走进班级，走进师生;也离不开历届校友的关心和支持，今年以来，就有我们本届（75 届）在座的罗海燕校友和王永红书记等积极为学校向上级争取资金 130 万元，有一位不愿意透露姓名的老校友在自身经济并不宽裕的情况下为母校慷慨捐资 20 万元，还有 232 班捐资 4 万元等。

三、设施改善

1. 设施日趋完善

学校有高标准的体艺馆、信息大楼、学生公寓、教学大楼，教学人员人手一台手提电脑，多媒体、广播、网络、电子监控、空调已进入每一间教室，在每一间寝室都可洗热水淋浴，建有 400 米塑胶田径场，图书馆、阅览室增添图书达 23.8393 万册。

2. 政府倾情投入

（1）2019 年政府投入 400 万元，对学校食堂和大会议室进行改造升级；

（2）今年政府债券资金投入 800 万元，对我校实验大楼进行改造，拟建高标准数字化实验室。

3. 学校不遗余力

（1）2019 年，学校投入 50 多万修建了南大门，方便师生出入；投入 30 万元，建立了电脑室。

（2）今年学校投入 50 余万元，对校园环境进行美化，包括球场边缘栏杆更换、道路维护、校园文化建设等；投入 50 多万元对学校的广播系统进行更换；投入 10 多万元，建成了高标准心理咨询室。

4. 社会大爱相助

今年隆回农商银行向我校捐赠了 200 万元，目前已经完成了学生 5000 套课桌凳的更新，两个高标准录播室的建设和闻达楼 25 个投影机的更换。

5. 信息网络加速

学校已建成 200 兆独享光纤互联网，为学校信息发布、教师获取网上资源提供了有力的保证。目前，全校 4 个机房，共有 300 台计算机，400 个信息终端，网络覆盖全校所有教室、办公室和各管理处室；教学楼、实验楼区域实现无线网络覆盖。学校共有 8 个网络管理模块，通过硬件管理模式对校园网进行全天 24 小时监控和管理，保证了教师在学校的网上工作安全和质量。

四、近期规划

1. 计划给高一、高二年级共 56 个班级安装智慧互动黑板（约 4 万元/块），总金额约 200 万元。

2. 根据县委县政府的指示，计划将隆回教师进修学校并入我校，需要重新规划该区域和隆回一中东区校园建设，拟在东区修建两栋教学楼（含新增车库）。已纳入政府财政预算，总投资 6000 万元。

3. 计划在 2022 年之前将塑胶田径场改造升级（含附属设施），总投资 600 万元。

4. 计划在 2022 年之前对各教学楼、学生公寓进行修缮。学校现有最新的教学楼建于 2001 年,大部分教学楼和宿舍还是 20 世纪所建,室内腻子灰脱落、线路老化、设备陈旧比较严重,拟对各教学楼、学生公寓做一次全面修缮,总投资约 300 万元。

5. 计划将教工家属区与学校教学区进行水电分离,总投资约 120 万元。

6. 计划筹办隆回一中建校 80 周年校友学术报告会。2022 年,母校建校 80 周年,我们拟秉承"传承文化,激励师生,促进发展"的指导思想,遵循"过程动态、全员参与、办会节约、公开透明"的原则,力争把校庆(学术报告会)办得隆重热烈、简朴得体、突出特色。

各位领导、各位校友,学校的发展离不开县委县政府和教育部门的正确领导,更离不开校友们的支持和关心。大家毕业多年,依然持续关注母校的发展状况,关心母校的前途命运,或献计献策,或捐资助学,或争取资源,或成立基金会,帮助学校解决发展中的困难,为母校的未来奔走呼告,贡献力量,不仅在校史上留下了浓墨重彩的一笔,更为后继学子树立了光辉的榜样。母校师生无不对此深怀感激。

今天,大家在此坦诚交流,共叙情谊,续写缘分;今后,母校的持续发展,同样离不开校友的关心和支持。我在这里诚挚地邀请大家常回母校看看。

最后,衷心祝愿各位领导、各位校友身体健康、生活愉悦、事业辉煌!

2020 年 11 月 12 日

登高望远天地阔，纵横捭阖自从容

——2021年"魅力松坡·大美一中"元旦晚会致辞

老师们，同学们：

云霞出海曙，骏牛跃关山。在2021年新年到来之际，我谨代表学校向关心、支持我校发展的各级领导、各届校友、离退休教师、教工家属、学生家长及社会各界表示衷心的感谢，向兢兢业业、辛勤耕耘的全体教职员工致以崇高的敬意，向求知若渴、积极进取的松坡学子致以最诚挚的新年祝福。

新故相推，时节如流。2020年，是中华民族伟大复兴进程中极不平凡的一年，更是中国人民迎难而上、砥砺奋进的一年。"善取势者可为人先，能谋势者必有所成。"这一年，全体一中人精诚团结，踏着国家奋勇前行的鼓点，顺应奔流不息的发展浪潮，用师生的勤奋和执着为隆回教育发展交上了一份满意的答卷；这一年，我们共克时艰，加强疫情防控与校园安全维护，保证了教育教学的正常进行和师生的平安；这一年，师生累计获得省级以上奖励100余项，高考再续辉煌，2人考取清北，3人荣膺全省"单科王"，一本上线首次突破700大关；这一年，学校基础设施建设突飞猛进，校园面貌日新月异……每一点成绩的取得，都凝聚着全校师生的心血和智慧，也使我们初心愈笃，信心更足，决心更大。

登高望远天地阔，纵横捭阖自从容。站在新的起点，我们将更加坚定正确的办学方向，坚持立德树人，继续秉承"为学生健康成长导航"的办学理念，同心同德，群策群力，锐意进取，奋发有为，为实现隆回一中高质量发展，实现全县"十四五"规划和2035年远景规划目标，谱写新时代隆回新篇章，展现一中作为，彰显一中担当，贡献一中力量。

最后，我真诚祝愿今天的元旦晚会取得圆满成功，祝各位幸福安康，万事顺意。

谢谢大家！

2020年12月30日

2022年（电视）新春贺词

金牛奋蹄开锦绣，猛虎添翼会风云。

值此辞旧迎新之际，我谨代表隆回一中全体师生，向所有关心和支持学校发展的各级领导、历届校友和各位朋友致以新春的问候！

回首 2021，一中盛世，喜事连连。高考成绩再上新台阶，党建工作凝聚新活力，乡村振兴展现新作为，"四立"教育孕育新成果，东区建设取得新进展。

展望 2022，欣逢党的二十大，又值建校八十年。志之所趋，无远弗届；使命在肩，砥砺前行。让我们只争朝夕，不负韶华，迎着光，朝着梦，再出发！

最后，祝福大家虎年：如虎添翼，生龙活虎，虎虎生威！

致隆回一中全体教师的一封信

亲爱的老师们：

今天，在第 37 个教师节来临之际，我谨代表学校党委、校委会、教代会、家代会、学代会，向各位亲爱的老师表示最崇高的敬意，为大家拼搏奉献、激情创造、积极进取的精神点赞！衷心祝愿老师们节日快乐、平安幸福、价值彰显！

老师们，我们将迎来学校八秩华诞。艰难困苦，玉汝于成。八十年来，作为"全县教育的标杆"，隆回一中走过了不平凡的历程，在继承中汲取智慧，在发展中锐意创新，在精神洗礼中积淀力量。学校共培养出清华、北大学生 55 人，荣获国家级荣誉 17 项，省级及以上荣誉 30 余项。学校的蓬勃发展赢得了各级党委政府、广大校友及社会各界的高度关注和普遍赞誉，这其中凝聚着一代代松坡人的智慧和汗水。大家是学校历史的传承者和创造者，正书写着隆回一中新的历史，我为你们喝彩！

在前几天的开学典礼上，县委书记亲临指导并做重要讲话，他充分肯定了学校取得的一系列成绩，并深切寄语一中教师：要坚持言传身教，做人民满意的教师；要时刻铭记教书育人的使命，甘当人梯，甘当铺路石，以人格魅力引导学生心灵，以学术造诣开启学生的智慧之门。老师们，我们应牢记嘱托，精诚团结，奋力拼搏，把领导对我们的褒奖和关心，化作工作和生活的动力和使命，为全面建设"三宜三融三区"现代化新隆回贡献一中力量，我们一起加油！

"一个人遇到好老师是人生的幸运，一个学校拥有好老师是学校的光荣。"一所学校有高质量的教师，才会有高质量的教育，才能培养出高水平的人才。教师是立教之本，深教之源，承载着塑造灵魂、塑造生命、塑造新人的时代重任。我们将坚持抓好教师队伍建设，大力弘扬尊师重教风尚，让老师安心、热心、舒心、静心执教，竭尽全力为老师创造更加优质的工作和生活环境，竭尽全力为老师解决更多的后顾之忧，竭尽全力提升每一位老师的安全感、获得感和幸福感！

　　老师们，舟大者任重，马骏者驰远。让我们履行好立德树人的根本任务，把好教育方向，高水平做好"为谁培养人，怎样培养人，培养什么人"的时代答卷，争做"四有好老师"，当好"四个引路人"，坚守"四个相统一"，持续秉承"为学生健康成长导航"的办学理念，不负时代，不负韶华，不负期待，开拓创新，不断超越，真正实现"创九州名校，育三楚英才"！

　　最后，再次祝愿老师及我们的家人们：节日快乐，身体健康，家庭幸福，万事胜意！

　　　　　　　　　　　　　　　　　　　　　　　　　　　　　校长：赵旭红

　　　　　　　　　　　　　　　　　　　　　　　　　　　　　2021 年 9 月 9 日

隆回一中 2021 年综合运动会开幕式致辞

尊敬的各位老师，亲爱的同学们：

大家上午好！

严寒，挡不住沸腾的热情；朔风，吹不走运动的梦想。今天，我们迎来了期盼已久的冬季运动会。

首先，我谨代表学校及本次运动会组委会，向运动会的如期举行表示热烈的祝贺！向筹备这次盛会的全体工作人员表示衷心的感谢！向参加运动会的全体运动员、班主任、裁判员表示诚挚的慰问！

毛主席说："体育之效，在于强筋骨，增知识，调感情，强意志。"一个人没有健康的体格，就没有健全的人生，这不仅是广大青少年学生的自觉追求，更是新时代的客观要求。体育的美感，呈现在肌肉和线条的碰撞中；体育的乐感，穿梭在节奏与技巧的融合中；体育的魅力，在于"没有最好，只有更好"！

同学们，生命因运动而精彩，冬日因激情而绚烂。体育是少年的舞台，我校冬季运动会将是充满朝气、激情四射的体育盛会，运动会中所塑造的拼搏向前、无所畏惧的精神，必将化为我们战胜困难、走向成功的重要力量，激励我们勇于肩负使命，永不放弃梦想！

同学们，"海阔凭鱼跃，天高任鸟飞。"祝愿各班的体育健儿在运动场上一展雄姿，赛出水平，赛出友谊，赛出风格，发扬奥运精神，向着更高、更快、更强的目标而努力，创造新的成绩。

最后，预祝本次运动会取得圆满成功！

谢谢大家！

2021 年 11 月 22 日

隆回一中建校 80 周年重修校史馆记

欲知大道，必先知史；欲明所去，当知所从来。

八十年前，卢沟晓月，战马长嘶，衡浦深云，征鸿阵阵；寇警频来，萑苻遍地，炮火连天，生灵罹难。隆回腹地，亦未能免。

壬午初秋，先贤李公剑农先生目睹国家蒙辱、人民蒙难、文明蒙尘之现状，发强刚毅，以敬蔡锷之名而兴办"私立松坡中学"于桃花坪，托兴邦大任于后人；其心也诚，其情也笃，其志也坚，而其意亦深矣。

嗣后，为内维校脉，外抗敌焰，学校四易其址，自转龙庙而马坪周家祠堂而六都寨桃花村而桐木桥刘富公祠，至抗战胜利，乃回迁原址。

辛卯八月，学校由私立而公立，更名曰"隆回县立初级中学"，越明年，改名"湖南省隆回县第一初级中学"；丙申秋，再易名为"湖南省隆回县第一中学"，始招高中两个班计 100 人，学生凡 617 人，而校名遂沿用至今。时至庚申，跻身首批省重点；至甲申，列为省示范；再至甲午，荣膺"全国教育系统先进集体"称号。

光阴一丈朝，弹指一挥间。而今松坡，其地方百又卅亩，师生逾五千，松柏叠翠，赧水流波，桃李争妍；高考学考，学科奥赛，文体竞技，尽展风流；素质教育，领先邵阳，饮誉三湘。周玉清、阮炳黎、陈海波、伍跃时、向长江、肖旭驰、刘春花等，群星璀璨，俊彦纷呈；近五万名松坡学子，更是遍布八方，竞吐芳华，服务祖国，尽显担当！

八秩悠悠，筚路蓝缕，而今鼎盛，何哉？适如首任校长范公希亮先生云："为学校者，施教有二因焉。一则使其壮而有力，无坠其先业；一则使其贤而有德，效用于国家。"尔后历届班子，念兹在兹，莫不唯兴是举，敦品勖学，殚精竭虑，厥功甚殷也。一言以蔽之——"为学生健康成长导航"，盖办学理念一以贯之、俾众周知耳。

"大畜刚健，笃实辉光，日新其德。"今逢隆回一中八秩华诞之际，乃重修史馆，增其旧制，旨在以文记史，以图证史，缅怀演进之轨辙，而励后学来兹也。

唯愿一中辉煌接踵，千秋昌盛，拳拳之忱，灏灏之义，希览者诸君识之，是为序。

2022 年 8 月 28 日

放飞梦想，绽放青春

——在隆回一中纪念五四爱国运动 104 周年暨特长生专业展示汇演上的讲话

尊敬的李局长、马局长、老师们、同学们、家长朋友们：

大家晚上好！

最美人间四月天，春风含笑柳如烟。桃花飞溅迷人眼，更喜枝头子满园。

在这个充满活力的春天，我们在这里隆重举行纪念五四爱国运动 104 周年暨特长生专业展示文艺汇演。在此，我谨代表学校，向莅临晚会的各位领导、各位嘉宾表示热烈的欢迎，向关心支持我校发展的各界人士表示衷心的感谢，向为学校辛勤耕耘、默默奉献的全体教职员工致以亲切的问候，向广大学生、青年朋友们致以节日的祝贺！

同学们，104 年前那场伟大的五四爱国运动，见证了青年一代披荆斩棘、勇往直前的历程，是当代青年以天下为己任、为实现中华民族伟大复兴而共同努力的标杆。古往今来，青年从来都是整个社会中最积极、最有生气的力量，毛主席说得好："世界是你们的，也是我们的，但归根结底是你们的。你们青年人朝气蓬勃，正在兴旺时期，好像早晨八九点钟的太阳，希望寄托在你们身上。"习近平总书记也说："青年一代有理想、有本领、有担当，国家就有前途，民族就有希望。"

80 余年来，隆回一中始终把"为学生健康成长导航"作为自己的办学理念，关注青年学生成长成才，高度重视特长教育，充分发现和挖掘每一位青年学生的禀赋、兴趣、爱好和特长，为广大青年学生提供有利条件和正确引导，积极搭建多元化的学习、成长和锻炼平台。以近四年为例，我校共招收音体美专业生 292 人，其中有 217 人升入本科院校深造；缤纷的特色才艺展示，也频频亮相于各大舞台，"象棋比赛""英语能力大赛"多次全国夺金，"青少年锦标赛""建制班合唱比赛""'三独'比赛"省里折桂 40 余人次，篮球队、排球队、田径队在省、市、县各类竞赛中摘金夺银 180 余人次，红杏文学社社员在国家、省、市各类大型征文比赛中获奖 320

人次……

　　同学们，青春孕育无限希望，青年创造美好明天。五四青年节是你们青年人自己的节日，今天的文艺汇演，就是在为各位特长生才艺展示提供一方舞台。躬逢盛世，展望未来，我相信，你们建功新时代的舞台将更加广阔，逐梦新征程的前景将更加光明，我希望你们大力传承"五四精神"，热爱祖国，追求进步，弘扬民主，崇尚科学，在实现中国梦的伟大实践中创造自己的精彩人生！

　　最后，祝本次特长生专业展示文艺汇演取得圆满成功，愿青年朋友们跨山越海，不负信仰；历尽千帆，不坠青云。祝各位领导、各位嘉宾、全体师生节日快乐、心想事成、圆梦未来！

　　谢谢大家！

2023 年 4 月 28 日

学术成果篇

政治活动课要体现新、活、巧、真、实

什么是活动课？活动课是指学校根据社会要求以及学生身心发展规律，有计划有目的地通过一定的活动项目和活动方式，要求学生全面参加，以培养学生的兴趣和自信心，培养学生动手能力，综合应用知识和技能，并使学生在活动中受到潜移默化教育的课程，它是学校实施素质教育的重要途径。它可以突破常规课堂教学在时间、空间上的限制，具有很强的适应性和广泛的包容性。因而，与常规课堂教学相比，它又有一些自己的特点和新的要求，具体说来，就政治学科的活动课而言，应体现以下几点。

一、新

政治活动课的"新"首先表现在选题上应有自己的学科特色，时代感要强，教师要善于捕捉热点、焦点、疑点，要贴近生活，立足现实，所取题材要能引起学生共鸣。如国家生活中的大事、发生在我们身边意义深刻的小事，都是我们关注的对象。要做到这一点，政治教师必须时刻关心国内外形势的变化，要能深入学生、深入社会，掌握第一手资料，然后去粗取精，去伪存真，通过大脑过滤而撷取闪光点，让学生围绕该点进行挖掘，使学生思想水平得到升华，能力得到提高，从而达到素质教育的目的。如邵东十中"模拟劳动仲裁"活动课，隆回二中的关于"消费者权益保护"活动课，邵阳市二中的"公民与纳税"活动课，邵阳市一中的"学习辩证法，保护邵水河"活动课，无疑是选题新颖的成功范例。

政治活动课的"新"还表现在观点的创新上。江泽民同志指出："创新是一个民族进步的灵魂，是国家兴旺发达的不竭动力，一个没有创新能力的民族，难以屹立于世界民族之林。"因此，培养学生的思辨能力，形成自己富有个性的观点，是政治活动课的必然要求，也是最艰巨的任务。无论是教师还是学生，应该在丰富多彩的活动中绽放出思想的火花。

有一位哲人说过："思维着的精神是地球上最美的花朵。"如果一堂活动课，教师、学生从头到尾都是陈词滥调，观点没有新意，即使其他方面再完美，也不能不给人留下遗憾。记得有一次，我听了关于"金钱问题"的活动课，在"名言大放送"这一环节上，有一个学生不讲现有的名家名言，而是独辟蹊径，讲未来的名家名言，这未来的名家就是他自己，他说："没有金钱不安全，有了金钱未必安全，非法获得金钱最不安全。"这未来的名家名言，确实叫人耳目一新。当然，要树立新的观点不是容易的事，首先教师本身要有开放性，要有纳百川的胸怀；此外，对学生要有意识地进行经常性训练，要在马克思主义基本原理和现阶段党的路线、方针、政策的指引下，运用自己的智慧，形成自己的主张。

二、活

政治活动课的"活"在表现形式上应不拘一格，它可以采取灵活机动的多种形式。目前，邵阳市的活动型德育课题已探索出了活动课的很多形式，如参观访问、社会调查、文体表演、交流探讨、模拟训练、创办业余党校和团校等。每一种活动形式下又可采用多种方式，如交流探讨形式有演讲、心理咨询、专题讲座、影视与时事评论、辩论赛、恳谈会等。

政治活动课的生命力在于一个"活"字，要求在形式多样的前提下营造一个活跃的课堂气氛。活动课的主持者可以是学生，也可以是教师。无论是教师还是学生主持，都应该对每一个环节把握好分寸，要有较强的临场处事能力。只有气氛活跃起来，学生回答问题，发表见解才会不受拘束，学生的内心世界才能原汁原味展现出来。

三、巧

成功的活动课犹如一篇优美的记事性散文，构思是很巧妙的，主题是活动课的中心，教师应围绕活动的主题精心构思每一个步骤。每一堂活动课它要运用到哪些形式，有几个环节，每一环节之间的逻辑关系是什么，高潮在哪里，对这些问题，教师都应心中有数。

除了构思巧，还应做到语言巧。语言的巧妙一是表现在设问上。设问要有梯度，循序渐进，同时问题要有思考价值，不能平淡无奇。二是表现在观点的总结、概括上。主持人对学生观点的总结要简短而富有号召力、感染力。如我听了"关于金钱问题"

的活动课，主持人的总结是："我爱金钱，但我更爱同学们，因为同学们是我事业之所在。"这种铿锵有力的归纳震撼了在场每一个人的心灵。语言的巧妙还表现在对学生观点的评点上。在活动课中，尤其是辩论性的活动课中，往往双方的观点都有合理性，这时作为主持人就应去大胆肯定其正确的一面，但也应当找到合适的语言指出其不足，应使双方既不失面子，又受到教益。

四、真

"真"首先是指情感真挚。活动课往往采用文艺表演（如相声、小品、歌唱）、模拟操作等方式。这些方式要求学生在活动中融入较多的感情，这种感情不是虚伪的，而是真情的流露。教师要善于引导学生深刻体会活动课的目标，精心设计每一个动作，每一句台词，全身心地投入情节中去，达到表演形式和内容的和谐统一。

"真"的另一含义是指活动课所反映的内容应是对社会问题的真实写照。活动课的内容不是凭空捏造出来的，教师和学生必须多接触社会，多体验生活，多调查研究，熟悉复杂的社会环境。否则，随意杜撰出一些东西作为活动课的内容，则显得软弱无力。如模拟劳动仲裁的活动课，则必须熟悉劳动法、仲裁条例以及社会生活中的劳动法律关系；模拟法庭则要求熟悉我国有关的诉讼制度和人在社会生活中所应遵守的行为规定，不熟悉则无以逼真。

五、实

"实"主要体现在实效上。政治活动课的目的和归宿在于：一是实实在在地培养学生的能力，如社交能力、表达能力、组织能力、辨别是非的能力等；二是增强德育的实效性。为此，教师不能为活动而活动，而应当通过活动，使学生明白应该做什么，不应该做什么，应该怎样做，不应该怎样做，明白什么是真善美，什么是假恶丑。如果不注重德育实效，一味地去迎合学生的好玩心理，那将只能是低级趣味。

（本文发表于优秀理论文章集《"活动型德育途径研究"理论与实践》，湖南人民出版社出版）

班主任工作要做到"一心""二用""三导""四细"

　　班主任是一个班级的领导者、指挥者。班级是一个小社会，班主任工作是否细致深入、班级管理思路是否正确、目标定位是否准确、教育措施是否得体，直接关系到班级各项工作是否有好的局面。因此，班主任工作是一门学问，有很多问题值得深入挖掘研究。班主任工作也是一门做人的艺术，需要以人为本，加强人性化管理。多年来，本人一直思考班主任工作的技巧,归结起来,那就是"一心""二用""三导""四细"。

　　"一心"，就是要对学生常怀关爱之心。对学生的关爱既是班主任的基本道德规范，也是构建和谐校园的基本要求。班主任若没有对学生的关爱，要建设一个积极向上、奋发有为、充满活力的班集体将无从谈起。当然，这种对学生的关爱，绝不能是作秀，而应是班主任出自内心的呼唤和责任的驱使。

　　"二用"，首先是要用真挚的语言去激励学生。语言是最重要的交流工具，人的性格品质、个性心理的形成受语言的影响。班主任对学生的工作语言是一种艺术，有经验的班主任都知道，对学生的思想工作所使用的语言累积起来虽然很多，但总有几句话会激励学生一辈子，弄不好也有几句话会使学生一辈子不愉快。其次是要用行为去感化学生。班主任的积极行为主要来自责任心。每个班主任都要常常反思，自己每天和学生打了多少交道、和学生一起参加过几次劳动、检查过几次寝室和食堂、和学生谈过几次心、为学生办过几件实事，有多少事班主任做到了亲力亲为。这些日常班务工作看起来再平凡不过，但学生却能从中感受到班主任工作的辛苦，从而理解班主任的工作。

　　"三导"，即性格心理导航、班级文化导向、为人处事导行。当前很多学生由于学习压力大、任务重，加上家庭和社会等各方面的原因，形成了孤僻、粗暴、叛逆、唯我独尊甚至精神分裂等不健康心理，班主任对学生中存在的性格心理疾病必须引起高度重视，在各种场合要有意识地培养学生养成健康的心理，要善于从理想前途、人际交往和法律法规等方面进行引导，让学生养成豁达开朗、助人为乐、意志坚强、亲善仁和的性格特征。班级文化导向应从有形和无形两个方面做文章，无形的班级文化建设就是要树立正确的班级舆论。班主任可以根据本班特点让全班每个学生记住有意义的几句名言警句或班主任自己总结的对人生有指导意义的语句，用于指导和处理班级内部同学之间、师生之间、班级和学校之间的关系，或作为班级内部日常管理和学生日常行为规范的基本准则。有形班级文化建设就是要搞好教室布置，在合适的地方美观地布置好班训、学生评论或感言、学生中的好人好事及其他能积极促进学生学业和优秀品质形成的材料。班级文化看起来是小事，但其中的作用不可低估，对学生形成真、善、美与假、恶、丑的是非标准起着重要的导向作用。为人处事导行是指班主任要在为人处事上给学生做出示范，尤其是在处理人与人之间的矛盾方面，班主任为人处事的态度、原则、风范能直接影响学生。比如班主任遇到顶撞自己的学生，处理时应该注意策略并保持克制，要显示出绅士风度，待事情平息后再进行说服教育，不能动不动就和学生一样讲粗话，甚至做出有损教师体面的事情；再如当自己班级在各种竞赛、评比中，如果学生认为学校不公正，班主任应该主动做好学生思想工作，而不是和学生一样意气用事，把事态扩大。班主任的这种为人处事的原则与方法对学生的影响是潜移默化的，时间长了，学生自然会明白不少事理。

"四细"，就是要细致观察学生的语言、行为、学业和生活。细致观察学生的语言和行为主要是为了加强思想工作的针对性。学生思想上的滑坡往往从语言和行为上反映出来，如集会时蜂拥而散、吃饭进食堂打冲锋或插队、讲话不注意礼节、言论消极、穿着打扮不合学生身份、上课无精打采、迟到早退等，班主任应该仔细观察这些小问题，从小处入手，加强思想教育。学生学业，这是班主任一般容易忽视的问题。之所以说忽视，并不是不重视学生学业，主要是不注意细节。现实中更多的班主任可能只注重班级的总成绩排名，注意到自己所任教学科学生的成绩状况，并不注意或不太注意学生在其他科目学习上的某些不足。事实上，学生在学校学习求的是平衡发展，班主任在掌握学生总体成绩状况的同时，应该花费一定心血，了解学生在其他学科学习中的某些细节，比如抽查学生的作文以了解学生内心世界、掌握自己任教学科以外的学生作业情况及听课态度等，这样才能做到细致观察学生的学业。

细致观察学生生活要求做到两点：首先是要掌握学生在吃穿住用行等个人起

居方面的一些基本情况。作为班主任，班上有多少寄宿生，他们住在哪个寝室哪个床位，每个同学在吃穿方面有什么讲究或爱好，生活水准怎样，甚至家庭住址在哪儿、家里有几口人、家庭对学生读书的重视程度等信息都应该尽量掌握。只有掌握第一手资料，思想工作才能有针对性。其次是要对学生的饮食起居多过问、多关心，要让学生时刻感受到班主任的温暖和关爱。有时哪怕是一句简单的问候，如："今天的菜好吃吗？""穿这么点衣服冷不冷？""寝室有没有水？""你今天脸色好像有点不对劲，有什么问题吗？这些问候能让学生感到温暖，有利于建立良好的师生关系。

班主任工作十分辛苦，班主任工作也极其光荣和神圣。每个班主任只要具备高尚的职业道德、强烈的事业心和责任感，掌握正确的班级管理方法，文明、健康、生动、活泼的班集体的形成将不再遥远。

勤督善导，助力隆回大课堂教学改革

2007 年 9 月，隆回县教育局开始酝酿课堂教学改革，至 2012 年分期分批组织了 26 个乡镇的中心校校长及部分初级中学校长去江苏洋思中学、梅岭中学、东庐中学、蠡园中学，以及岳阳许市中学、山东杜郎口中学等地考察课堂教学改革情况，撰写了《它山之石，借以攻玉》《让激情在课堂燃烧》等考察报告。教育局党委对课堂教学改革多次进行专题研究，于 2009 年 9 月出台了《隆回县课堂教学改革方案》。此后，隆回县课堂教学改革正式驶入快车道，在全县全面铺开。

随着大课堂教学改革的推进，许多问题摆在面前：有些教师对课改徘徊观望，甚至冷嘲热讽，揶揄课改只是某些领导标新立异，追求政绩的筹码；有些教师只注重形式的改革，穿新鞋走老路；有些教师思想完全通了，认为不进行课改，隆回教育就没有希望，但对课改如何搞，往什么方向走一片茫然。凡此种种阻力、困惑、疑虑，无不需要督导室和教育业务主管机关相互配合，攻坚克难，消除人为羁绊，使课改能勇往直前，善始善终。督导室在大课堂教学改革中，定位勤督与善导两个方面：一是着力督促大课堂教学改革在每所学校、每个教师中扎根、开花、结果；二是善于发挥自己的导向作用，使大课堂教学改革沿着持续、健康、科学的方向发展。

一、督导室对大课堂教学改革的"勤督"

1. 督是否校校联动

隆回大课堂教学改革之初，有很多学校被动应战，他们不参观，不学习，不研究课改理念，不熟悉课改模式，消极坐等。鉴于此，教育局和督导室把雨山中学、万和实验学校作为课改试验田，以小组围桌式作为课堂的基本组织形式。这种方式 4～8 人为一组，教室四周都是黑板，没有固定讲台，充分发挥学生主体作用，切实提高学生合作探究能力，提高课堂效率。2010年5月，我们在这两所学校召开了全县课堂教学改革现场会，大家统一了思想，形成了课改共识，提出了"谁选择课改，隆回教育就选择谁"的口号。此后，督导室组织专门力量，分若干检查组分赴全县各学校，从课改理念、课改形式、课改模式、教师课改参与度等各个方面对学校进行全面检查评价，对思想僵化、热情不高、行动缓慢的学校予以通报批评，对课改动员到位、角色转换迅速、教师热情高涨的学校予以充分肯定并嘉奖。2013年，我们确立了将万和实验学校、雨山中学、六都寨中学、高州中学等10所学校作为全县课改样板学校。在督导室的督促推动下，全县课改风生水起，课改浪潮席卷全县每个校园。

2. 督是否全员参与

俗话说，一枝独秀不是春，万紫千红春满园。在有些学校，尽管领导已经解放思想，全力扑进课改洪流，但仍有少部分教师尤其是一些老教师无动于衷，仍然按老模式、老规矩、老习惯上课。督导室也曾经下到一些学校听课，有些老师的课变化甚微，全是灌输式、填鸭式，"一支粉笔一张嘴，教师从头讲到尾"是他们的真实写照，这些老师的课看不到半点课改痕迹。由于教师缺乏激情，学生上课自然无精打采。为此，督导室成立了七大督学责任区，每个月对基层学校进行专项督查，将教师的课改参与度列入责任区督学检查的重要内容，要求全县教师做好"四个一"，即读一本课改好书、写一篇课改论文、上一堂课改公开课、交一篇标准的课改导学案。同时，将每个教师参与课改的力度列入年终绩效文明考核，不参与课改的教师在晋职、评优、提拔重用等方面靠边站。由于督查力度大，全县很多老教师都行动起来了，像麻塘山这样的偏远学校，临近退休的教师都接受了新思想、新理念，他们都能用电脑办公，用多媒体上课，做到了精讲多练，课堂气氛好，学生参与度高。

3. 督保障是否到位

为确保课堂教学改革不只是做做样子、喊喊口号，真正做到全员课改、全面课改、全力课改，在督导室的建议下，教育局先后出台了很多保障措施。一是制定颁发了一系列文件，从制度上予以保障。如《关于印发隆回县推进区域课堂教学改革工作实施方案的通知》《隆回县教育系统学习应用杜郎口、许市、洋思中学课堂教学经验的实施意见》等，这些文件全方位描绘了我县课堂教学改革的宏伟蓝图。二是从经费上予以支持，俗话说，兵马未动，粮草先行，课堂教学改革也是如此。督导室领导通过考察醴陵、浏阳、山东等地，参考本地市兄弟县经验，游说县财政局和分管县领导，每年争取财政专项资金10万元，用于督学责任区建设和课堂教学改革的督查落实。同时，给全县10所课改样板校每年安排专项资金5万元用于课改。教育局还出台了《关于加强对公用经费使用管理的意见》，明确规定了必须确保公用经费一定比例用于课改，督导室对课改专项资金使用方向和公用经费对课改的支撑情况定期抽查，及时下发整改意见书。三是通过一系列的宣传教育活动，为全县课堂教学改革奠定思想基础，从思想上保障课改实施。督导室每年组织一次督导课堂教学改革论文评比，配合县教育局，进行推进课堂教学改革巡回演讲，每年对课改起示范带头作用的学校和中心校领导进行表彰。四是督促国家课程开足开齐。几年来，督导室在督促国家课程开足开齐方面耗费了大量心血。前几年，大部分学校对课程开设不够重视，音体美等所谓副课往往没有列入课表，即使列入课表也只是摆设。为此，督导室将国家课程的开设状况列入了督查重点，点名通报了一些学校，对问题严重的学校校长进行诫勉谈话。

通过几年的努力，目前绝大部分学校扭转了这种状况，学校无主课副课的概念了，昔日的音、体、美、写字、科学活动、校本课程及综合实践课等和语文、数学、英语等一样，成为学生必不可少的精神食粮。

二、督导室对大课堂教学改革的"善导"

1. 引导校本课程纵深开发

国家规定，学校应根据当地特点和学校实际，开设必不可少的地方课程。督导室除了督导校本课程开足开齐外，对校本课程的开设内容也进行了引导。

一是树立了一批典型，将校本课程开发得好的学校进行大力推介。如利用国家督导评估的机会，我们推介了荷田中学的对联基地；利用省示范性高中现场评估的机会，推介了隆回二中的打破固定教室模式的走动式专题讲座；利用合格学校评估验收的机会，推介了滩头中学的"小主人"活动。二是对校本课程开设的内容进行引导。强调校本课程开设要从实际出发，要充分考虑学校教师的专业所长、地域特点、发展水平、学生层次等因素。比如，魏源故里所在地学校要充分挖掘魏源思想，滩头镇的学校要充分考证滩头年画的历史渊源、发展前景和发展方向，金石桥镇的学校可以充分搜集贺龙战斗指挥所方面的素材对学生进行爱国主义教育，小沙江镇的学校要对金银花的品种、药用价值、瓶颈进行专门研究，虎形山的学校要大力宣传旅游资源、花瑶文化、民族风情，东方红小学这样基础好的县城学校要在大课间活动上做出示范。由于我们在引导校本课程开设过程中做到了因地制宜，一校一品，我县的校本课程开设呈现出百花齐放、百家争鸣的生动画面。

2. 引导社会课堂力求实效

社会课堂主要是指国家规定的综合实践课的开设，它包括研究性学习、社会实践和社区服务等内容。对社会课堂的开设，督导室强调三看，力求实效，不能让社会课堂成为学生"玩"的课堂。一看课堂。研究性学习要求学校有教材，学生有分组课题，教师有教案和授课、研究性学习成果的示范案例、情况总结等。二看活动。学校德育处、团委、班主任要有社区服务和社会实践的计划与活动安排，这两种活动可以安排在寒暑假、双休日分散进行，也可以由学校某部门牵头集中进行。但不管采取哪种方式，学生都要人人参与。三看成果。高中应有研究性学习的学分认定资料，不同小组应有不同的课题研究报告，应有上档次的获奖成果；初中、小学也应有实实在在的小组研究性活动，小组人员分工合理，各司其职，共同享受研究性学习的快乐。由于指导得当，我县在社会课堂方面收获颇丰，光隆回一中就有多项成果获得国家级、省级奖项，《探寻花瑶文化，创新民族精神》研究性学习课题还被纳入了高中研究性学习教材，受到县委、县政府嘉奖。初中、小学也有很多的成果大放异彩。

近几年来，我县青少年科技创新工作所获省级以上成果100多项，这都是社会课堂扎实开设的有力证明。

3. 引导校园文化规范全面

狭义上的校园文化是指学校精神文化，是在学校发展历史过程中形成的，反映着人们在生活方式、价值取向、思维方式和行为规范上有别于其他社会群体的一种团体意识和精神氛围。在教育局的倡导下，隆回的各级各类学校均非常重视校园文化建设。督导室对我县校园文化建设明确提出了四点要求。

一要美观大方，能提高精气神。美观大方的校园文化，对校园环境能起到一个画龙点睛的效果。

二要内容全面，即校园文化应涉及办学理念、学生行为规范、教风学风、绿化美化、名人名言等，特别强调要有涉及课堂教学改革的班级文化、墙壁文化。

三要科学规范，所引用的名家名言、古语俗语、古典诗词、人物介绍等不能有导向性、知识性、文字性及格式差错。教师、学生及学校自创的一些语句要在充分斟酌是否科学规范之后才可以展出。

四要贴切得体，即校园的一些宣传标语要和所张贴的位置相适应。比如，食堂的标语主要是要教育学生节约爱惜粮食，教室文化应与课改、学生精神风貌有关，厕所文化主要在于告诫学生讲究卫生，促进身心健康等。表述应无差错，要经得起推敲，比如有些学校将"课程改革"与"课堂改革"两个词混用，将睁眼看世界的第一人说成是魏源等都是不贴切的表现。

课改，永远在路上。做实"勤督善导"四字文章，合力推进全县大课堂教学改革，人民政府教育督导室责无旁贷！

（本文获 2015 年湖南省教育督导与评价优秀论文评选一等奖）

"思想政治探究课方法研究"课题

一、"思想政治探究课方法研究"课题研究计划

(一)阶段划分

1. 准备阶段

(1)理论准备(2021.9—2022.8):学习中共中央、教育部有关文件精神和教育学、心理学相关知识。

(2)经验准备(2021.11—2021.12):参考市教育局前几年从事的省课题"德育整体改革"的有关经验和其他科目第二课堂活动的成果。

(3)课题论证(2021.12):聘请有关领导、大学教授、特级教师等举行论证会,再报省教育厅立项。

(4)制订方案(2021.9—2021.11):由本人牵头,有关专家、研究教师参加制订。

(5)选定课题研究点(2021.10):初步确定以本校(隆回一中)为课题研究单位。

(6)经费准备:向市教育局报告申请课题研究经费。教师学习、订阅资料、外出观摩、学生开展活动等经费由研究学校承担。

2. 研究阶段(2021.9—2024.7)

总的要求:学校要紧密结合教材与学生实际,分年级分阶段选择灵活多样的德育活动形式进行德育教育。以公民意识、爱国主义情感、法治观念,以及世界观、人生观、价值观、理想、前途教育为主,注重调查研究。其操作要点如下:

(1)认真学习,领会精神,成立研究小组,落实研究经费。

(2)学校及研究教师制订具体可行的计划,确定阶段性目标。

(3)做好活动记录(笔记、照片、录像、录音),保存好各种原始资料,建立档案。

(4)每次活动后作出小结,每学期作阶段总结。

3.验收和评估阶段

（1）制定检测评估的有关表格。

（2）验收评估

①验收时间：初评时间在 2023 年下学期期末；结题在 2024 年下学期。

②验收人员：成立由省、市专家、有关领导组成的验收小组，具体负责。

③验收内容：听取研究学校与课题组情况汇报，参加观摩活动；查看资料和学生思想品德评价情况，学生座谈，作出评估结论。

（二）课题研究阶段性目标

1.第一轮研究目标

（1）探索出思想政治探究课的理论、途径、检测方法。

（2）发现培养一批思想品德优秀的典型。

（3）编写出政治探究课教案集。

（4）学校的德育工作明显加强。

（5）写出一批有一定质量的德育论文并出版论文专集。

（6）整理编撰一本关于课题研究的系统资料。

2.第二轮研究目标

（1）进一步完善探究课的理论、途径、评价方法。

（2）出版课题专著。

（3）组织专家评估验收。

（4）力争向其他学校推介这一活动。

二. "思想政治探究课方法研究"课题研究方案

（一）问题的提出

长期以来，思想政治课的德育功能一直未能得到很好的落实，尤其在当今各项体制改革进一步深化，国际经济、政治形势急剧动荡，如何增强政治课的德育功能，提升 德育实效，从而提升学生的政治思想觉悟，把学生培养成为德、智、体、美、劳全面发展的高素质人才，显得更为紧迫和必要，也是广大思想政治课教师一直在探索的重大课题之一。

1. 充分利用德育活动是实现知识、能力、觉悟相统一目标的需要。目前学生的能力没有得到很好的发挥，学生的觉悟未得到很好的提高。

2. 充分利用德育活动是落实中共中央和教育部有关提高学生德育素质的需要。国务院制定的《关于新时代推进普通高中育人方式改革的指导意见》强调："要结合实际制定德育工作实施方案，突出思想政治课关键地位，充分发挥各学科德育功能，积极开展党团组织活动和主题教育、仪式教育、实践教育等活动。"以政治活动课为主体的德育途径是有效载体。

3. 充分利用德育活动是思想政治课进行教学改革的需要。一方面，现行《课程标准》和教材要求重视活动课，重视社会实践，可很多学校、老师并未严格实施，影响着思想政治课的实效。另一方面，目前德育活动作用的整体或系统研究尚很欠缺，仅只是某一侧面有过零星研究和探案。德育互动尤其是探究课能弥补课堂之不足，更好地实现理论和实践相结合。

4. 充分利用德育活动是将学生主体作用与教师主导作用有机结合的需要。尽管课堂教学中老师贯彻教师主导与学生主体的结合，但受课时限制，结合是不够的；而在思政探究课中，只要老师指导得当，就能充分发挥学生的主体性、主动性和创造性。

5. 充分利用德育活动是培养合格公民的道德要求。市场经济条件下，很多人成为功利主义者，为个人私利而不惜损害国家、集体、他人的利益，缺乏诚信，践踏法律。所以开展德育活动，能让学生在德育体验中增强法治观念、是非观念，明确公民权利与义务的辩证性。

（二）课题的基本目标

"思政探究课方法研究"就是通过政治活动课、政治学科兴趣小组、社会调查、志愿者活动、演讲协会，办家长学校、办社会实践基地、举办法制讲座等活动，逐步培养学生运用政治课中的一些基本理论和观点去观察、分析实际问题的能力，培养社会主义道德品质和高尚情操，使学生树立正确的世界观、人生观、价值观。：

江泽民同志指出："创新是一个民族进步的灵魂，是一个国家兴旺发达的不竭动力。"通过德育活动，来弥补当前理论课教学的缺陷，让学生真正将知识转化为自己的能力，外化为高尚的行动，培养学生的创新能力和创造能力。

2. 引导学生初步树立正确的世界观、人生观、价值观，把学生培养成为有理想、有道德、有文化、有纪律的德、智、体、美、劳全面发展的新时代中国特色社会主义事业建设者和接班人。

（三）理论依据

1.唯物辩证法认为，事物的联系是普遍的、客观的，处理好整体和局部的关系就能使整体功能大于局部功能之和。课堂教学与德育活动是紧密联系的，忽视德育活动的作用势必影响学生"课内打基础，课外求发展"，影响教学效果提高。

2.辩证唯物主义认识论认为，认识是一个由具体到抽象，由感性认识到理性认识的升华过程，活动课寓教于乐，循序渐进，贴近生活、贴近学生实际，易为学生认同。

3.教育学告诉我们，德育一方面依赖于客观社会生活条件，另一方面依赖于人的心理发展规律，只有主客观条件相互作用，才能产生良好的效果。学生良好的思想品德形成光靠课堂教学的理论传播是不够的，必须借助于德育活动，为学生接触实际提供一个场所，在实践中加强德性修养，规范个人行为。

4.社会心理学告诉我们，做社会的人，人们对个人能力、觉悟的评判，主要依据其在社会关系中的角色、行为和效果,德育活动是一种锻炼学生适应社会角色、规范社会行为的好形式。

（四）课题操作

1.学校成立研究小组。

2.思政探究课是常规课堂教学德育渗透模式的扩展、延伸与补充，应突破课堂教学的时空限制和单一模式，力求内容广泛、方法灵活、形式多样、参与面广。

3.根据各年级《课程标准》、学生心理和能力发展状况，应主要围绕公民素质与法治观念教育，以及正确的世界观、人生观、价值观教育及理想前途教育，将活动纳入整体教学计划。

4.参加研究的教师应主动争取学校领导的支持，保证研究工作顺利进行。

5.开辟多种形式的德育活动。如：开设政治活动课、政治学科兴趣小组、社会调查、演讲协会、志愿者活动，办社会实践基地、形势报告会、知识小报，开设学生道德自律（仲裁）法庭、心理咨询，撰写小论文等，并定期作阶段性总结。

（五）现有条件与对成果的期望

1. 现有条件

（1）有省、市、县和学校领导、专家的支持。

（2）有一支热心德育研究的稳定的教研员和教师队伍。

（3）以思政课为主体的德育活动不同于目前应试教育下的纯理论教学模式课，而是将理论与实际、教师主导作用与学生主体作用有机结合，会受学生欢迎。

（4）符合当前教育改革中课程设置的需要。必修课＋选修课＋活动探究课，是课程改革的必然趋势，是素质教育的必然选择。

（5）已开展了一些实践活动，积累了一些经验。

2. 对成果的期望

（1）可以重塑政治课形象，克服学生厌恶政治课的心理，使政治课成为学生乐学的课。

（2）探索出培养学生良好品德的新途径，在学生中能涌现出一批又一批德智体美全面发展的先进典型。

（3）写出相应的科研论文和活动课课型模式的教案。

（4）探究课形式能得到推广。

（六）课题研究的评估与验收

1. 评估方法：每两年为一周期，聘请相关领导、专家参加观摩活动，查阅相关资料，听取研究教师的汇报，调查学生品行、社会评价等。

2. 评估内容：以公民意识、爱国主义情感、集体主义观念、法治观念，以及世界观、人生观、价值观、政治民主观、理想、前途等为主要内容。

3. 评估结论：通过差异调查及思想品行考核，论证研究活动的科学性、可操作性，评估其是否具有普遍意义和推广价值。通过定量和定性做出研究结论。

（七）课题研究的组织与管理

1. 课题研究的组织

选择一批具有教学管理经验的教师参与，并逐步吸收具备条件的学校参加这项研究。

2. 课题研究的管理

（1）成立课题领导小组及课题研究小组，由赵旭红同志担任课题组组长，其他政治教师为成员，并聘省市领导专家作为顾问。

（2）保证必要的经费（用于会议、资料、外出学习等）。

（3）资料管理由专人负责，及时归档，保存原始资料。

（4）参与研究的教师与学生人员相对稳定，以便观察研究工作取得效果。

三、"思想政治探究课方法研究"课题操作模式

（一）活动课

思想政治探究课是学生喜爱的一种新的课堂形式。思想政治探究课选材要新颖，要有自己的学科特色，时代感要强，教师要善于捕捉热点、焦点、疑点，要贴近生活、立足现实，所取题材要能引起学生共鸣。探究课的主持者可以是教师，也可以是学生，应更多地强调学生参与。探究课应打破常规课时空的限制，不局限于45分钟，不局限于教室，可以在学校其他场所进行，也可以走向社会大舞台。活动课的形式是丰富多彩的，相声、小品、演唱会、辩论赛、模拟操作等均是深受学生欢迎的好形式。这些形式能充分挖掘学生的智慧潜能，提高学生多方面的素质，实现教师主导作用和学生主体地位的统一。这种德育途径应成为该课题研究的重点。

（二）参观访问

参观访问、建立德育基地，让学生身临其境地接受教育，比教师在常规课堂上渗透德育内容的效果更明显。这种途径的目的在于增强学生爱祖国、爱人民的情感；增强学生胸怀祖国、放眼世界、振兴中华的使命感；增强学生的法纪观念，使其养成良好的行为习惯。工厂、监狱、劳教所、戒毒所、烈士陵园、旅游胜地等都是学生参观访问的理想场所。

（三）社会调查

开展社会调查，撰写调查报告，让学生更多地了解社会、深入社会，能大大提高学生的社会交往能力和实践能力。开展社会调查，由教师指导学生拟出调查

提纲。社会调查应主题鲜明、目标明确、见解深刻。

（四）文体形式

思想政治探究课的一个重要特点是要充分展现学生个性特长。文体竞赛、表演、游戏等都能表现学生的个性特长。多种表现形式增强了学生的集体荣誉感和审美感，丰富了学生课余生活。

（五）交流探讨

交流探讨的方式是德育研究的一条重要途径。如演讲、心理咨询、专题讲座、影视、时事评论、热点问题讨论或辩论、新闻发布会、恳谈会等。这些方式可以触及学生的内心世界，应充分尊重学生的意见，做到以理服人、以情感人。

（六）模拟训练

模拟训练的活动方式使学生受到的教育更直接、更生动。其目的在于培养学生坚强的意志品质、培养学生的动手能力、实际操作能力。模拟训练的方式很多，如军训、模拟记者采访、模拟劳动仲裁等。

（七）常规德育活动

探究课不排除常规活动方式。如升旗仪式、主题班会、团队活动等。这些方式有助于培养学生的政治素质，每个研究单位的课题组成员应积极配合学校行政搞好多项常规德育活动，做好记录，及时总结。

（八）青年志愿者活动

如开展社区服务、帮助贫困学生，参与助残活动、公益劳动、环保志愿活动等。

荣誉申报，自信张扬

——"运用荣誉申报制，多元化评价学生的实践研究"课题报告

单位：邵阳市隆回县第一中学

课题主持人：杨能荣

课题编号：E—6

课题组成员：杨能荣、赵旭红、肖芬良、陈小华、王小涛、马明辉、马小乐、曾槐、陈华堂、李典平、卿卫国、刘和平、周丽川、廖飞

"荣誉申报制"注重对学生进行扬长教育、激励教育和信心教育，极大地调动学生积极性，使学生健康、快乐成长。

课题研究过程中，参与实验的学生普遍感到快乐并更加自信，在德智体美劳方面都取得很大成绩。这种培养、评价学生的方式与《国家中长期教育改革和发展规划纲要（2010—2020年）》（以下简称《纲要》）提出的培养人才方式和近年各高等院校的"综合评价录取"相吻合，具有前瞻性、时代性、可行性。

一、课题界定

我们所说的"荣誉申报制"，是指每位同学对照班委会设定的各项荣誉的要求和自己的条件与表现，自愿选择一至二项申报；学期末，班主任、班委会根据学生平时的成长记录进行考核认定。我们所说的"多元化评价"，是指评价不局限于学习成绩，而是从不同方面进行评价，在挖掘学生潜能的基础上，尽可能让每位学生都有展示个性、发挥特长的空间和舞台，向着明确的目标积极地去努力、去奋斗，让他们在不同方面体验个人价值，从而轻松地面对学习和生活。我们所说的"实践研究"，是指研究者通过对研究对象大量的观察和调查，获取客观材料，从个别到一般，归纳出事物的本质属性和发展规律，为检验理论假设而展开的研究。

二、课题提出的背景与依据

（一）国内外实施现状

1. 国内现状

随着新课改的深入和《纲要》的施行，国内有些学校在承认学生个性差异的前提下，探索如何改变单一评价学生的方式，尽可能让绝大多数学生得到激励，产生成就感。如浙江省嘉兴市交通学校早在2005年下学期就从个人荣誉方面和班级荣誉方面实行了"荣誉申报制"；安徽省淮南二十四中在2007年12月20日召开"班级荣誉申报认定会"，认定特色班级；浙江省金华市红湖路小学在2011年上学期开学初也实行了"荣誉申报制"。

中国台湾是开展多元化综合评价实验的地区之一。台湾对中小学生的评价，注重评价方式多元化、弹性化，具体体现在不废除纸笔测验，而是降低纸笔测验的比率，加重其他方式的比率，弹性运用各种评价方式来适当评价学生。为全面落实多元化、弹性化，台湾的中小学校善用行为、技能检核表，多用情意、态度评价表，系统运用教室观察记录，鼓励撰写参观报告。另外强调评价人员多元化、互动化；评价结果解释人性化，多鼓励、多支持。评分重视评价历程，不只看评价结果。

2. 国外状况

国外评价学生，虽然没有采用"荣誉申报制"这个词语，但他们有"多元综合评价"这个概念。多元综合评价是指不单纯采用标准化测验，而是采用多种途径，在非结构化的情景中评价学生的评价方法。多元综合评价强调评价方式、评价主体、评价内容的多元化。例如，《有效的学生评价》的作者艾伦·韦伯将多元智力理论、建构主义学习理论、标准化测验理论等有机地用于学生评价实践中，明确提出"将评价作为学生主动学习的一部分"，从而在评价的目的上突出了其促进学生发展的功能。

（二）国家政策依据

1.《纲要》要求

《纲要》指出，深化教育体制改革，关键是更新教育观念，核心是改革人才培养体制。树立人人成才观念，面向全体学生，促进学生成长成才。树立多样化人才观念，尊重个人选择，鼓励个性发展，不拘一格培养人才。创新人才培养模式。

遵循教育规律和人才成长规律，探索多种培养方式。注重因材施教。关注学生不同特点和个性差异，发展每一个学生的优势潜能。改革教育质量评价和人才评价制度。根据培养目标和人才理念，建立科学、多样的评价标准，做好学生成长记录，完善综合素质评价。探索促进学生发展的多种评价方式。

2. 高校招生制度的改革

当今高考招生制度改革正在紧锣密鼓进行，这项改革变一考定终身为综合评价录取。每名考生接受专家的半小时面试，面试内容为道德素质、科学素质、心理素质、审美素质、人文素质、创新能力、社交能力、语言能力、公民素养、个性特长等十个方面。可以说，它是重素质，真正体现素质教育要求的评价方式。因为在高考分数面前，学生的综合素质成了隐性的因素。综合评价考核就是要把分数从显性转为隐性，把隐性的素质从分数后面挖掘出来，完成高考分数、综合素质这两者之间显性和隐性的角色转换。

（三）教育理论依据

1. 发展性评价理论

华东师范大学王斌华教授的"发展性评价"理论认为，评价学生应该采用发展性眼光。王教授指出，发展性评价是指评价不再仅仅用于甄别和选拔学生，而要促进学生的发展，促进学生潜能、个性、创造性的发挥，使每一个学生具有自信心和持续发展的能力。其实施的关键是要求教师用发展的眼光看待每一个学生，核心是重视过程的总评价。多种形式结合的评价方式、评价手段，使评价的诊断和发展功能在整个学习过程中，既反映学生全程学习的结果又成为促进学生发展的有效手段。

教育以促进学生的发展为根本目的，评价作为教育中的一个重要组成部分，自然也应该以此为己任。基于此，以促进学生的全面发展、差异发展和主体发展为根本目的的学生评价的理念和评价体系，就是我们所提倡建立的发展性的学生评价。发展性评价的关键是教师要以发展的眼光来看待学生，而不是用一把固定的尺子对学生进行分类。它不是为了评价而评价，更多体现的是一种全新的评价理念，其理想的情况是，教学和评价融为一体。它的根本特征是：结果评价和形成性评价并重，重在学生的思考和发展过程；评价角度多元化（评价对象是全体学生，评价内容具有多样性，评价标准具有多重性，评价方式具有多样化）；学生和教师之间互动评价，学生是评价的主体；评价的目的是促进学生发展，而非奖惩；评价要在科学客观的基础上让学生能感受到教师的暖意和鼓励，是一种师生情感的交流。

2. **多元智能理论**

美国哈佛大学发展心理学教授霍华德·加德纳认为，人的智能被划分为 8 种：语言智能，诗人、律师都充分运用了语言智能；数理逻辑智能，科学家主要运用这种智能来处理工作；音乐智能；空间智能；肢体运动智能，运动员就运用此种智能；人际关系智能，主要是对他人情绪、情感方面的理解，政治家、销售员、教师都较多地运用它；自省智能；自然观察智能。他强调，每个人都有这八种智能的潜力，这八种智能在每个人身上都会表现出不同的形态。

（四）课题的提出

由于受高考指挥棒的影响，传统的学校教育是比较单一的，教法、内容、考试方法均相同，看起来很公平，但它带有歧视的可能性，因为它只挑选了一种智能或部分智能的结合。以前的激励体制重成绩优秀学生，激励范围狭窄、单一；重结果，没有全面关注过程，不能适应"为了一切学生的发展"的新要求，不能促进学生的个性发展。在我们隆回一中，这种情况同样存在。

正是受上面所述各方面因素的影响，我们立足现在，展望未来，顺应时代潮流，将"荣誉申报制"和"多元化评价"结合起来，适时地提出"运用荣誉申报制，多元化评价学生"的教育理念，并积极开展课题研究。研究过程中，我们着眼于学生主体意识的培养，把荣誉直接推向全体学生，尽可能让每位学生都有展示个性、发挥特长的空间和舞台，向着明确的目标积极地去努力，让他们在不同方面体验到个人的价值，从而轻松地面对学习生活，发挥特长，努力成才。

本课题顺应了现代社会以人为本的要求，能促进人的全面而有个性地发展，有利于学生的终身学习和终身发展。尊重学生个体的差异，发掘和升华学生的优势，让学生体验到成长的乐趣、成功的快乐，为学生的终身学习和终身发展奠定基础。

三、课题研究的目标、意义与价值

（一）研究目标

1. 探讨如何改变单一的过窄的评价方式，研究评价学生的最佳方式。

2.探讨如何落实立德树人的根本任务,遵循教育规律,系统推进教育评价改革,发展素质教育,努力培养担当民族复兴大任的时代新人,培养德智体美劳全面发展的社会主义建设者和接班人。

3.探讨如何进行扬长教育、激励教育和信心教育,为学生的健康成长导航。

(二)意义与价值

从新课改角度探析荣誉申报制的研究意义。新课改重视学生的主体作用,让学生自觉参与学习讨论,更能解放学生的脑、手、口,极大地调动学生的积极性,便于培养学生的自主意识和自尊观。

"荣誉申报制"能更好地增强学生自信心。多元化评价没有名额限制,打破了传统的一个班级每学期只有少数学生受表彰的模式,使受表彰的学生数量大大增加,让更多的学生体会到成功的快乐,从而找到自我发展的信心。

"荣誉申报制"能更加关注学生的心理。"争强好胜"是青少年学生普遍的心理特点,几乎每一个学生都希望自己能成功。申报荣誉后,每个学生都会根据自己的专长去发展自己,通过各种途径去提高自己。在这种评价方式中,学习的权重只占一部分,没有考出理想的成绩的学生,可以通过其他方面来弥补。

"荣誉申报制"能更充分地凸显以人为本的教育理念。教育说到底是人的教育。正是由于充分关注学生个性发展和学生的心理特点,荣誉申报制更充分地凸显以人为本的教育理念。

荣誉申报制的实施,使学生有一个重新审视和定位自我的机会,能提升他们各方面的能力,使他们充分相信自我、展示自我,自觉珍惜和维护荣誉,激发学习和进步的愿望,实现其自我约束和自我管理,使其人格得到全面、健康的发展。

四、研究内容

(一)运用荣誉申报制,多元化评价学生的基本理论研究

1.功能、原则与特点

(1)荣誉申报制的四种功能

荣誉申报制从理论和实践两个方面系统地认识德育的四种功能,即导向功能、

转化功能、塑造功能、发展功能。

①导向功能

导向功能是通过学生个人的权利和义务系统行为的方向性表现出来的。学生个人在地位和角色确定后，荣誉申报制为他们提供思想和行为模式，使其较快地适应个体生活，以避免个人与周围环境的矛盾和冲突。

②转化功能

转化功能是荣誉申报制的潜在功能，它是通过学生主体对荣誉的向往心理，从无到有，从反走向正，从偶然到习惯的变化过程。学生在所申报的荣誉情形下，自觉产生追求心理，自觉形成自控力，进而实现利弊的正确筛选，朝着既定目标行动。

③塑造功能

荣誉申报制作为治班理念的集中体现，是班主任教育精神和灵魂的象征，是德育历史和文化的积淀，也是教育者特有的文化内涵的一种简练表达。一个班级只有德育理念符合社会要求，并被社会认可，才能够形成一定的凝聚力、影响力，进而对学生精神文化的形成产生一定作用。精神文化包括价值观念、行为准则、道德规范、心理素质、审美观念等。而践行荣誉申报制对学生精神文化的塑造具有启迪、陶冶和指导作用，这就是荣誉申报制对学生的精神文化的塑造功能。

④发展功能

青少年都期望自身的发展，这是人类共有的本质特征，也是一种本能。而荣誉申报制正好切中了学生的这一本能，让他们在这一环境中明确目标，控制行为，并形成一种强大的力量，督促其为实现这一目标而努力，进而完成个人的发展。

这四种功能，体现了班级德育工作的基本内容和要求，克服过去德育工作中大而全、多而杂的填鸭式的教育方法和指导思想，使教育工作和学生思想品德教育遵循人的思想道德形成与发展规律，正确处理好诸种影响学生品德形成的教育因素之间的关系，以深刻影响学生世界观、人生观、价值观的形成。

（2）荣誉申报制的原则

①公开性原则

将班干部设置的奖项全部向学生公开，形成"荣誉超市"，让学生从中选择申报。学生可申报的荣誉主要有：爱心奖、孝敬奖、勤俭节约奖、爱护环境奖、文明礼貌奖、遵纪模范奖、正直奖、优秀口才奖、体育明星奖、文娱活动积极分子奖、劳动积极分子奖、积极完成作业奖、学习标兵奖、学习积极分子奖、勤学好问奖、优秀团员奖、创新奖、研究之星奖、优秀学生干部奖、板报优秀编辑奖、优秀文学作品奖、学科竞赛奖、好人好事奖、自强不息奖、班集体荣誉奖等。

②自主性原则

每位同学对照各项荣誉和自己的表现，采取学期初学生个人自由申报的方式进行自主申报。奖项选择坚持自主性原则，行为主体按自己行事的动机、能力或特性进行选择。即自由表达选择奖项的意志，独立做出选择奖项的决定，自行推进具体行动的进程。所以我们要求学期初每位同学对照各项荣誉和自己的个性，以自由选择奖项的方式进行自主申报。

③众议性原则

学生评价荣誉申报者表现，要广泛听取教师的意见，但更重要的还是要广泛听取学生的意见。因为广大学生与教师是评教活动的参与者，他们对学生申报者应有内涵更具有发言权，而且，让学生参与指标的制定，可以使学生更加了解学生评价的目的和意义，加深对指标的理解，使评价结果更准确。

（3）荣誉申报制的特点

①教育情感的激励性特点

荣誉申报制具有激励性特点，"激"即激起其情绪、情感的变化；"励"即激发、鼓励。我们通过荣誉申报使学生的需要和愿望得到满足，使学生自身成长过程中的内动力得到充分激发。使学生各方面的潜能得到最大限度的发挥。

荣誉申报制能激发学生对荣誉的兴趣和动机，能实现较好的教育效果。我们通过心理学实验与研究，针对荣誉申报制需要重点研究以下几个问题：（1）申报过程中是否激发学生对荣誉的兴趣？（2）实施过程中是否能激发研究对象的成长欲望；（3）激励性评价过程中是否能有效增强学生的进取愿望？

②成长过程的生成性特点

我们认为：学生的成长过程应该是自动生成的，而且学生的进取需要、学习需要等也是不断生成的，所以荣誉申报制具有典型的成长过程生成性。

根据美国心理学家维特罗克对生成性学习模式的心理学依据，荣誉申报是一个主动的过程，申报者积极参与其中，并非被动地接受信息，而是主动地构建自己对荣誉申报的解释，并从中得到心理满足。

事实上，荣誉申报贴近学生的日常生活，它较之模糊的抽象的教育活动对学生的影响更为深刻。

③个体发展的全面性特点

教育心理学指出：个体发展是指个体从出生到生命终结，其身心诸方面所发生的一切变化，它是个体的潜在素质变成现实特征的过程。包括身体和心理两个方面，前者指有机体的自然形态和组织器官及其机能的发展、完善，后者指人的心理过程和个性心理的发展，包括认知、情感、意志和各种高级社会性的发展。个体的身体发展与心理发展是不可分割的。

④教育功能的综合性特点

教育是对受教育者的一种"期望"，一种"影响"，一种"指引"。"功能"则指事物或方法内含的、可能实现的有效作用。某一事物或方法的功能是它自身所内含的。功能在具有功能的事物或方法未与其作用对象发生关系时处于潜在状态。潜在状态的功能是否能变为现实还受对象的状态及环境条件影响。"综合性"是指将不同部分、不同事物的属性合并成为一个整体来对待。教育功能的综合性则是教育者对受教育者进行全面的、综合的、潜在状态的功能的影响与作用。

2. 荣誉申报制的心理规律研究

从心理学角度探析荣誉申报制的研究意义。荣誉申报制一定要从学生的心理出发，面对不同的学生施以教育，扬长避短，发挥学生强势智慧，促使学生走向成功。

我校是全国心理教育示范校。心理辅导老师廖飞从心理学方面探索荣誉申报制的积极意义，给学生以辅导，使学生能以健康的心态投入学习。从心理学角度来看，荣誉申报制有如下意义。

（1）申报项目的多元化充分体现了多元智力理论

1983 年，美国哈佛大学心理学教授霍华德·加德纳发表了《智力的结构：多元智力理论》。该理论认为，智力并非像以往认为的那样是以语言能力和数理逻辑能力为核心，以整合方式存在着的一种智力，而是彼此相互独立、以多元方式存在着的一组智力。他认为人类的智能类型有 8 种：语言智能、节奏智能、数理智能、空间智能、动觉智能、自省智能、交流智能、自然观察智能。每个人都是 8 种智能的组合，只是它们在不同个体身上的表现形式、发展程度不同而已，为此他认为对学生的评价标准也要多元化。荣誉申报制和多元化评价为学生提供了"爱心奖"等 25 个荣誉申报项目，这些申报项目涉及学生的学习生活、行为举止、兴趣爱好、道德品质、实践与创新能力等多方面的智能，充分体现了人的智能的多元化及评价标准的多样化，每个学生都能根据自己的优势选择适合自己的荣誉。教师也能根据学生的申报情况充分了解学生的优势智能，使学生的特长得到充分的发展。

（2）荣誉申报制和多元化评价重新界定了成功与成才

加德纳认为，上述8种智能在个体的智力结构中占有同等重要的位置，它们在每一个个体身上都有自己独特的表现形式，每个人都有自己独特的优势智能与劣势智能。他说："每个孩子都是一个潜在的天才儿童，只是经常表现为不同的形式。"因此，我们判断一个人的标准也应该多样化，每个学生的优势都能得到充分的发挥与发展。每学期期末时，每个学生都获得了自己申报的荣誉奖，那种成功的喜悦与自豪是难以言表的，他们深信"天生我材必有用""行行出状元"！

（3）荣誉申报制和多元化评价增强了学生的自我效能感

荣誉申报制和多元化评价规定，每个学生只要有自己的兴趣与特长并且表现不错，就可以获得申请的荣誉奖，可以体验到奖项所带来的快乐与成就感，而这种快乐与成就感增强了他的自我效能感。这种自我效能感又会进一步强化他的优势智能，激发他的潜在智能，弥补他的劣势智能，从而使他的发展进入一个良性循环。而那种单一的学习成绩评价标准，只能让少数学习成绩优异的学生有机会体验到成就感，很多学习成绩不好的学生不但体验不到成功的快乐与成就感，进而对自己丧失信心，就连原本有的优势智能也很可能因此而被扼杀。

（4）荣誉申报制和多元化评价体现了积极心理学与人本主义心理学理念

积极心理学认为，表扬人的优点，可以使其在无形之中克服缺点。该研究表明，学生在申报与获得自己的特长荣誉奖的过程中，在充满自信地展示自己优势的同时，加强了对自身的约束，自觉地改掉了身上的一些毛病与缺点。学生综合素质明显提高、班风班纪显著好转就充分地说明了这一点。

人本主义心理学认为，每个人都有向好向善的本性。在本研究开始实施时，每个学生都对着荣誉申报的需求，积极地寻找、申请符合自己的荣誉项目，并严格要求自己，努力发展自己，力争在期末拿到荣誉奖。学生所表现出来的这些积极、向上、进取的思想与行为有力地表明了人的向好向善的本性。

（5）动态的质性评价与量化评价相结合符合学生的身心发展特点

高中生正处于身心发展的重要阶段，各种心理品质随着年龄的增长而不断变化，逐步变得成熟与稳定。一个学期，对学生来说会有很大变化。这种根据学生一个学期成长变化的动态记录，在学期末才予以考核认定的评价方法符合他们的身心发展规律。还有，通过成长记录袋评价、真实性评价、小组合作评价等多样化评价方法对学生进行开放性的质的评价，克服了量化评价所带来的消极影响。

（6）荣誉申报制和多元化评价有利于师生的身心健康

教师不固守单一的考试成绩来衡量学生，而是以多元化的标准来评价学生，以宽广的视角来界定学生，自然也不会因片面追求考试成绩而给自己过大的压力或对学生有过高的期望。同时，学生也不会因学习压力过大而出现一系列的心理问题与躯体症状。

（7）评价主体的多元化促进了学生人格的完善

为保证评价的丰富、客观与真实，该研究采用学生自评、同学互评、班主任认定，以及任课教师、家长参评等多主体评价。其中，尤其是让学生自己参与评价，允许学生在评价中做出解释、说明，既提高了学生的主体地位，也促使学生自我意识的发展。并且，多主体参与评价，促使学生在加强自我认识的同时，必须努力不断地完善自己、提高自己。因为只有这样，才能获得大家的一致肯定与好评。还有，在这种共同参与评价的交互过程中形成的积极、友好、平等、和谐的人际关系，也有助于对学生的发展过程进行有效的监督与指导，从而促使其不断改进，不断完善提高自己。

3. 荣誉申报制与促进班风学风、提高学习成绩的关系研究

此部分主要研究学生实现自己申报的荣誉与促进班风学风、提高学习成绩之间的关系。

苏联心理学家曾做过这样一个实验：在一个大学班级中挑出一个最笨、最丑的姑娘，要求全班同学改变以往对她的看法，认定她是最聪明、最漂亮的姑娘，向她表达友好，让她对尊重的需要得到满足，建立自信心。一年后，这个姑娘成绩跃居班级第一，并表现得阳光、自信，富有魅力。自信以惊人的力量发掘了她潜在的智力。这个实验证明：人一旦得到应有的尊重和满足，就会产生一种奋发向上的内驱力，就会自觉地利用内在的积极因素去克服消极因素，战胜自我。在教育工作中，教师必须高度重视学生对尊重的需要和对自我实现的需要。近年来，我们在班级管理工作中，试行荣誉申报制，在满足学生的尊重需要和自我实现需要，增强学生的自信心，调动学生的积极性等方面有了明显的效果。

535班的学生王珊，由于学业基础差，学习成绩不好，产生了严重的自卑心理，结果越缺乏自信，学业成绩越来越差，形成了恶性循环。后来我帮助她找回自信心，建议她积极申报班级"研究创新之星"并为之努力，安排她担任研究性学习小组组长。从此，她积极参与研究性学习活动，在活动中进一步找到了自信，期末也被评上了研究创新之星，体会到了自我的价值，学习上心态更放松，学习效率反而提高了，学业成绩稳步上升。另外还有很多像王珊这样的同学，在荣誉申报制的鼓励下，成绩越来越优秀，例如，471班张云瀚、陈鑫、卿前金进入隆回一中时，成绩平平，但在"荣誉申报制"理念的引导下，分别考上了同济大学、中南大学、解放军军械工程学院。

（二）运用荣誉申报制，多元化评价学生的实践研究

1. 荣誉申报制的操作范围

开设"荣誉超市"，学生可对照各项荣誉的要求和自己的条件，进行自愿申报，每次可申请一项或两项荣誉。不仅关注学生的学业成绩，同时重视发现和发展学生多方面的潜能，了解学生发展的需要。学生申报的奖项涉及其学习生活、行为举止、兴趣爱好等方面，学生可以根据自身的特点进行申报，也就是说，奖项的设立是弹性可变的。

2. 荣誉申报制的操作过程

（1）目标选择的自主化。每学期初，每位同学对照各项荣誉和自己的表现进行自主申报，期中，班主任采取不定期评价等动态管理形式，为期末认定荣誉积累资料，期末进行总评。下一个学期可以申报不同的荣誉。

（2）申报程序的规范化。研究过程中，我们采取一期一申报、一期一评价的制度。根据所申报的荣誉，采用学生自己认定、其他同学认定、班委会认定、班主任认定等多种方式进行。我们要求学生依程序申报荣誉，首先由班级设立的可申报荣誉奖项，学生选取自己的申报目标，向班长提交书面申请，然后交班主任审查备案，班长在班上公布申报奖项后，最终认定学生自己的努力方向。

（3）奖励对象的全员化。每位同学都有机会获得荣誉，让学生在不同方面体验到个人的价值。每学期初学生都依据自己的现状，在自己身上寻找闪光点，每个学生充满自信地展示自我。学校给每个学生提供更大的发展空间，变"学而优则奖"为"学而奖则优"。

（4）评价方式的多元化。在评价内容上，以多元智力理论和发展性评价理论为基础，通过评价探索促进学生全面发展。在评价方法上，采用成长记录评价、师生评议等多样化评价方法。在评价反馈上，通过设定恰当而明确的评价目标，并利用获奖感言和周记发挥评价的导向作用，从而更有效地对学生的发展予以激励和导向。在评价时间上，采用不定期评价形式，每学期不少于3次评价。

3. 荣誉申报制的管理方法

学生申报荣誉后，班主任要采取多种形式培养学生特长、捕捉学生的闪光点，及时鼓励学生，将特长发扬光大，以便期末认定表彰。最后，将全班获得的荣誉（或成果）进行收集整理，汇集成册——《倾听花开的声音》。

五、研究方法

1. 行动研究法

行动研究法即边研究边实践，在实践中应用研究结论，并通过实践不断改进和完善研究结论。拟联系一些班级，建立实验区，开展课题研究，应用研究结论，不断修改和完善研究结论，争取使其具有较大的应用价值和推广效应。

2. 调查法

调查法就是通过问卷、座谈、访谈等途径进行的调查研究方法。

3. 文献资料法

文献资料法就是通过查阅图书资料和利用计算机网络技术，掌握研究信息，获取并应用最新研究成果。选择有同样研究专题的学校组成协作组，加强横向联系，共同开展研究。

4. 个案研究法

即每学期为学生建立成长记录，进行跟踪管理，使研究具有针对性。运用这种研究方法，我们积累了大量的素材，使研究目标更具有可操作性。

5. 经验总结法

对实践活动中的具体情况，进行归纳与分析，使之系统化、理论化，上升为经验。在本课题的具体实践过程中，我们采取的步骤是：确定研究课题与对象—掌握有关参考资料—制订计划—搜集具体实事—进行分析与整合—组织论证—总结研究成果。

六、研究过程

课题研究在 2011 年 12 月正式开题，2014 年 9 月结题，研究周期为 3 年。

（一）初研阶段（2008 年 9 月—2011 年 4 月）

制订研究方案，宣传发动，确定课题研究人员，组成课题组，搜集与本研究课题相关的资料，完善研究方案，落实具体措施。

2011 年 5 月—2011 年 12 月，向上级教育主管部门申报立项，并组织几位有经验的班主任试行研究。

2011 年 4 月，向邵阳市教科院申报，得到欧阳叙学院长、赵健军主任的高度重视，该课题被推荐为省教育学会"十二五"课题立项课题，被省学会批准立项。

同时，组织有经验的班主任老师杨能荣、史平越、王小涛试行研究，取得了初步成果，发现课题切实可行，具有研究价值。

（二）实施阶段（2012 年 2 月—2014 年 7 月）

开展课题研究，积累研究资料，形成阶段性研究成果，通过鉴定验收。

分班研究实践，根据学生申报的荣誉进行研究，撰写论文或专题报告。实行一期一申报一期一评价制度。

研究过程纪实：

2011 年 12 月 16 日，在隆回县教研室召开开题论证会。

2012 年 3 月 20 日，在隆回一中接待室召开本课题工作安排会，明确课题研究目标与内容，进行课题组成员的分工，拟订工作计划，正式开展研究。

2012 年 3 月 21 日—4 月 20 日，进行学校调查研究，调查各班学生现状，召开座谈会，获得第一手资料。

2012 年 3 月 21 日—4 月 30 日，收集国内外关于评价青少年学习与生活等方面的文献并进行综述。

2012 年 3 月—2014 年 7 月，分班研究实践，根据学生申报的荣誉进行研究，撰写论文或专题报告。要求一期一申报一期一评价。

2012 年 3 月—2014 年 7 月，开展研究活动，责任到人，具体见《人员分工表》。

2014 年 7 月—2014 年 9 月，综合研究与实践，对课题进行综合研究，完善研究成果。

2014 年 9 月—2014 年 10 月，按照课题计划进行课题结题、成果总结、经验交流、课题成果推广。

召开研讨会。除了班主任认真研究外，我们坚持每学期召开两次课题研讨会，总结研究经验、探讨研究方法、布置下一阶段研究任务。

在 2012 年 3 月 20 日的工作安排会议上，主持人杨能荣作了课题的有关说明，邹启文老师进行了以 "开拓创新前景广阔" 为主题的学术指导，学校领导陈惟凡、陈华堂、阳自田都做了讲话。

在 2012 年 9 月 5 日的课题研讨会上，主持人就研究方法的应用对老师们进行指导。

在 2013 年 4 月 20 日的研讨会上，主持人指导老师们编辑 "成就手册"。

在 2013 年 6 月 28 日的研讨会上，主持人要求老师们按照杨能荣老师所给范本模式进行本期材料整理，并交论文给邹启文老师。

2013 年 9 月 22 日，主持人杨能荣参加省学会课题中期培训会议。

在 2013 年 10 月 22 日的研讨会上，主持人分享了参加省学会课题研讨会的体会。

在 2014 年 2 月 24 日的课题会议上，杨能荣老师作了 "功夫在平时" 的讲话，要求老师们完善资料。

在 2014 年 7 月 2 日的研讨会上，杨能荣老师作了 "认真整理资料确保顺利结题" 的讲话，要求大家利用暑假整理资料，迎接结题。

在 2014 年 9 月 5 日的研讨会上，老师们认真探讨如何完善资料。

（三）结题阶段（2014 年 8 月—9 月）

取得终结性研究成果，通过鉴定验收。

课题实施阶段，陈惟凡校长、陈华堂书记、宁琰琰校长在财力上予以支持，经常过问课题进展情况，并将成果向全校推广。为了帮助班主任成长，学校为每位班主任订阅了《德育报》；阳自田副校长、邹启文老师在学术上予以指导；老师们更是呕心沥血，精心编撰结题材料，撰写结题论文。

（四）经验推介阶段（2014 年 9 月—11 月）

将所取得的成果在学校推广，并向县域和县外推广。

2013 年 9 月至 2014 年 11 月，隆回二中、隆回九中、隆回万和实验学校、隆回县桃花坪中学、隆回县滩头中学、绥宁二中等学校的部分班级都实施了该课题，收到了明显效益，觉得该课题完全可以向其他学校推广。

2013 年 10 月 26 日，隆回县举行省学会课题研讨会，杨能荣同志做经验介绍。

2014 年 11 月 15 日，桂阳三中老师来我校交流教育教学经验，杨能荣同志在交流会上作了题为"倾听花开的声音"的班主任经验介绍。

课题成果《倾听学生成长的声音——隆回一中"荣誉申报制"课题分享》发表于《湖南教育》2015 年 11 月 A 刊。

《倾听花开的声音——杨能荣老师和他的"荣誉申报制"》作为课题经验推介发表于《邵阳日报》2015 年 6 月 12 日。

《让学生在诗意的天空飞翔》在 2015 年 5 月的《邵阳工作》得到推介。

七、具体做法综述

第一，每学期开学初发放学生成长记录表，采集学生的相关信息，出示荣誉申报的内容，帮助学生申报荣誉。给每位学生设立一个电子档案，将采集的信息输入电脑。

第二，跟踪管理。每天记载学生的活动，拍摄学生活动图片，按时录入系统，形成电子文档。记载学生活动时，采取多记优点的方法。采用不定期交流展示的方式，激发学生潜能。

第三，期末班委会评价鉴定认定。召开班团委会议，对每位学生进行客观公正的评价。

第四，所有学生写感言。无论获奖与否，都要写感言。通过写感言，进行反思，提升自己。

第五，颁奖。举行隆重的颁奖仪式，为获奖同学颁发盖有班印的荣誉证书和奖品，张贴获奖相片，向家长发喜报。

总之，我们每学期都经历"采集信息→跟踪管理→鉴定认定→撰写感言→颁奖表彰"等阶段，让学生切实感受到荣誉申报制带给他们的激励作用。

特别值得一提的是：在实施课题过程中，我们充分抓住学生积极进取的优点，尽力发掘他们的闪光点，加以适度的欣赏和鼓励，让学生对前途充满信心。

1. 张贴获奖照片。每次评选后，学生最盼望自己的照片能够被贴在教室后墙；如果是自己的照片能够被贴在教室前门口，他们会觉得风光无限。例如："'星级人物'的照片贴在教室的前门口，进出教室时都能看到，在我看来，这对我是一种激励，它会激励我更加努力学习。"

2. 评定"感动班级人物"。除了"每月之星"和期末评定，我们还模仿中央电视台，从获奖同学中民主评定"感动班级人物"，要求全体同学参与，为获奖同学撰写颁奖词，然后召开主题班会进行隆重的表彰奖励。

3. 给家长发喜报。每次评定后，我们都给家长发喜报。有时发电子报喜，有时发纸质喜报。

八、人员分工

序号	研究阶段	阶段成果名称	成果形式	负责人
4	2012.3—2014.7	全期全班成果收集与整理	成果集	全体参研人员
5	2012.3—2014.7	实现申报的荣誉与促进班风学风、提高学习成绩的关系研究	论文	全体参研人员
7	2012.3—2014.7	从新课改角度探析"荣誉申报制"的研究意义	论文	马小乐、李典平周丽川、宁湘桂
8	2012.3—2014.7	运用加德纳多元智能理论探析评价学生模式的研究	论文	王小涛、刘和平曾　槐、陈小华
9	2012.3—2014.7	从心理学角度探析"荣誉申报制"的研究意义	论文	廖　飞
10	2012.3—2014.7	学生有差异教育策略研究	论文	罗娟英、王小涛卿卫国、马明辉
11	2014.8—2014.9	让学生在诗意的天空飞翔——课题论文集	论文	杨能荣、邹启文
12	2014.8—2014.9	《周记》选编——《倾听花开的声音》	成果汇编	肖芬良
13	2014.8—2014.9	《课题论文集》	成果汇编	杨能荣
14	2014.8—2014.9	《给学生的建议》	成果汇编	马小乐
15	2014.8—2014.9	倾听花开的声音——"学生成长记录"汇编	成果汇编	杨能荣、赵旭红
16	2014.8—2014.9	"学生案例分析"选编——《发自心灵的誓言》	成果汇编	杨能荣、邹启文
17	2014.8—2014.9	"运用荣誉申报制，多元化评价学生的实践研究"课题研究报告	研究报告	杨能荣、赵旭红

九、主要研究人员的研究亮点

在研究过程中，各主要研究人员围绕"荣誉申报制"主题，采取各种手段，让全体学生参与课题研究，从而为学生"做最好的自己"提供良好的氛围。

王小涛老师指导学生编写《535班报》。班主任亲自担任主编，颇有文学才情的丁雪任社长，编辑部由"稿件改写部""新闻撰写部""手抄部""绘画部""复印部"五部分组成，全班动员，每位同学根据自己的兴趣爱好选择各项分工。每学期出版两期，内容丰富，编写精美，充分放大学生的优点、亮点，为学生提供营养丰富的精神大餐。

李典平老师从社会实践活动方面进行了有益探索。李老师践行忠孝仁义教育，带领学生积极参加社会实践活动，访问敬老院，走访特殊学校，参观名胜古迹，撰写走访感言，让学生的心灵受到震撼，培养了学生的仁爱之心、爱家爱国之情。

陈小华老师采用值日班长制，充分培养学生的自主管理能力。常务班长管理全盘，值日班长从班级学习、纪律、卫生等方面进行管理，撰写500字以上的值日感言，在晚自习第三节课下课前总结班级当天情况，使班级良性发展。

刘和平老师运用新课改理念进行"荣誉申报制"研究。他将学生分成8组，每组就一个主题策划组织一次主题班会，每次班会都落到实处，有力地促进了班风学风建设。

肖芬良老师组织学生撰写周记，引导学生反思，在反思中倾听生命拔节的声音。所带班级的学生越来越优秀。

杨能荣、史平越、王小涛进行扬长教育。他们是最先发起"荣誉申报制"的老师，三位老师身体力行，充分挖掘学生的闪光灯，进行扬长教育。例如，三位老师都进行了"每月之星"的评选，为"星级人物"张贴照片。

杨能荣、肖芬良、周丽川、马小乐、马明辉、陈小华等老师充分利用每周星期一的班会课时间,通过讲解"小故事大智慧""每周寄语""教师给学生的建议""短小语言深刻哲理"等内容，让学生听后感悟，从而领悟为人处世做学问的道理，起到了潜移默化的作用。

廖飞老师从心理学方面探索"荣誉申报制"的积极意义，给学生以辅导，使学生能以健康的心态投入学习。

课题组的老师们都注重学生反思。每学期评定后，无论获奖与否，都要写感言。554 班王杰同学获得"优秀组织奖"后写道："感觉杨老师的这种教育方式真的很不错,让我们每个人都有一个明确的目标,这对促进我们的身心健康发展十分有益。比起上个学期来,我本期选择了一个通过自身努力能实现的荣誉,最终实现了,并且素质有了明显提高。我想,我必须再为自己挑选一个荣誉申报,并且在下学期尽量争取拿下它。"袁照珺同学没有获得"学科竞赛奖",深表遗憾地写道："生命不可能在懒惰中开出灿烂的鲜花,蹉跎了时间,宛如一把切梦刀,因为刻意的散漫,梦想已是支离破碎。我要捡回自己的梦想,把自己的未来牢牢握在自己的手上。"

十、研究活动成果简介

1. 集体成果

（1）邵阳市第四届教育教学成果一等奖。

（2）课题成果《倾听学生成长的声音——隆回一中"荣誉申报制"课题分享》发表于《湖南教育》2015 年 11 月 A 刊。

（3）《倾听花开的声音——杨能荣老师和他的"荣誉申报制"》作为课题经验推介发表于 2015 年 6 月 12 日的《邵阳日报》。

（4）《让学生在诗意的天空飞翔》作为课题经验推介发表于 2015 年 6 月的《邵阳工作》。

（5）完成课题研究报告《荣誉申报自信张扬》,计 2.3 万余字。

（6）将各班学生成长记录汇编成册,共编辑了 22 本《倾听花开的声音》。

（7）将老师们撰写的 90 余篇文章汇编成册,编辑成课题论文集,分为"已发表的论文""获奖论文""结题论文""领导讲话"五部分,共计 15.7 万字。

（8）将老师们星期一班会课讲话稿编辑成《给学生的建议》,分为"小故事大智慧""每周寄语""教师给学生的建议""短小语言深刻哲理""深度关注"五部分,近 7 万字。

（9）精选学生获奖感言,汇编成册,编成《获奖感言选编》,共 8.5 万字。

（10）精选学生周记,编成《倾听花开的声音》,计 8 万余字。

（11）精选老师们研究期间所写"培优辅差"案例 18 个,编辑成《发自心灵的誓言》,图文并茂,共计 8 万余字。

（12）2013年9月，参加省教育学会课题中期培训，所撰写的中期总结在大会传阅，主持的课题受到省教育学会的通报表扬；2013年10月，参加隆回县教育学会课题中期总结会，作中期优秀课题发言。

2.学生的成绩（列举部分成绩）

我们的学生是在荣誉申报制的鼓励下取得了一个又一个胜利，打造了一个又一个辉煌。自从开展"荣誉申报制"课题研究以来，各种竞赛成绩骄人。

学科奥赛，有10人次获全国一等奖，107人次获国家级奖励，120人次获得省级奖励。2013年，由王嘉之、李之翔组成的代表队夺得机器人足球大赛高中组冠军，并代表湖南省夺得大赛冠军。

学生参加省级体育竞赛共夺得金牌20枚、银牌22枚、铜牌27枚。

原创大型现代舞蹈《青春誓言》荣获第八届全国校园文艺汇演金奖并参加2013年全国校园春晚，原创集体舞《走在山水间》在省第三届中小学生艺术展演大赛中获得省一等奖。

学生参加音乐、美术、演讲、书法比赛，每年均有100余人次获得市级以上奖励。

学生在省市级刊物上发表文章100余篇，参加"语文报杯"全国作文大赛，有40余人获奖。

高考成绩，一年比一年好，无论一本上线人数还是二本以上总人数，一年比一年多，不少同学考出了理想的成绩。2012年，钟臻、石源分别被清华、北大录取；2013年，唐静娴、范博儒被清华录取，马凌宇被北大录取；2014年，简志鑫、肖惠仁、钱舟、郑明磊均被清华大学录取；2015年，丁荣、王孝华、刘攀被清华录取，申茜茜、易广被北大录取。

在荣誉申报制的激励下，张云瀚、陈鑫、卿前金等多位同学进入隆回一中时，成绩平平，但在"荣誉申报制"理念的引导下，分别考上了同济大学、中南大学、解放军军工程械学院；刘维正、姜芳琴分别考上了重庆交通大学、吉首大学。

梁艳芳、简志鑫获得省级优秀学生称号。魏晴、邹艳琴、阳紫情被评为邵阳市文明美德之星。阳盼盼、肖乾坤、马番禺、刘燕、杨光菊、罗好、邱从建、易广、钱扬、易思明、张叶贝、赵一琴等被评为学校道德标兵。欧阳灿、陆远、杨芳凤等被评为年级部道德标兵。

荣誉申报制促使班级班风学风的根本好转。526班被评为邵阳市文明美德之星班。554班被评为隆回县文明班级。461班团支部被评为隆回县优秀团支部。

在历次考试中，课题组骨干成员管理班级的成绩，无论人平均分、及格率还是综合名次，在所任教年级中都是名列前茅。

在每期的优秀班级和优秀团支部评选中，课题组骨干成员管理班级都是榜上有名。

学生优异成绩的取得，与他们阳光的心态，积极进取的精神分不开。卿前金同学在毕业感言中写道："高中三年一晃而过，我从懵懂小孩成长为成熟青年，得益于'荣誉申报制'。成长不仅仅是身高方面的，更是心智方面的，特别是思想方面的。"

3. 班主任成绩

课题带动了学生的成长，也带动了老师的成长。在优秀班主任评比中，课题组骨干成员都榜上有名。就拿2014年上学期来说，全校获得"优秀班主任"称号的有24位同志，课题组占了16位；"十佳班主任"共10位，课题组占了6位。杨能荣老师每学期都是"十佳班主任"第一名，王小涛、史平越、刘和平老师每学期都是优秀班主任，肖慧晖老师获得中华全国妇女联合会授予的"春蕾奖"，杨能荣、肖国乔老师被评为县优秀班主任，李典平老师被评为邵阳市优秀班主任。肖芳花老师于2012—2013学年担任534班班主任，起初班级学风班风靠后，2013年下学期参加课题，班级整体风貌有了巨大的改观，肖芳花也连续两学期被评为"十佳班主任"。

十一、社会影响

由于课题研究成效显著，课题组成员多次在学校德育论坛、年级班主任经验介绍会上做经验介绍，所撰写论文获得学校德育论文大赛一等奖。杨能荣、李典平、肖国乔、王小涛、曾槐、肖芳花等都做过经验介绍或被邀请参加教师节优秀教师代表座谈会，并做典型发言。

现在，"荣誉申报制"课题在我校全面铺开，让所有的学生参与进来；各班实行周小结、月评价，给获奖学生张贴照片，这些做法，极大地调动了学生的积极性，培养了学生的自主管理能力。2013年9月至2014年7月，隆回二中、隆回九中、隆回万和实验学校、隆回县桃花坪中学、隆回县滩头中学、绥宁二中等学校的部分班级都实施了该课题，收到了明显效益。2013年10月26日，隆回县举行省学会课题研讨会，杨能荣同志作经验介绍。2014年11月15日，桂阳三中老师来我校交流教育教学经验，杨能荣同志在交流会上作了题为"倾听花开的声音"的班主任经验介绍。以上均产生了良好的社会影响。

十二、研究结论

我们认为，在高中德育中实施荣誉申报制，理论上是可行的。一是荣誉申报制具德育的四种功能，即导向功能、转化功能、塑造功能、发展功能。二是荣誉申报制具有获奖项目的公开性、奖项选择的自主性、评比结果的众议性三项重要原则。三是荣誉申报制多元化评价学生，具有教育情感的激励性、成长过程的生成性、个体发展的全面性、教育功能的综合性四个特点。这些功能、原则与特点为我们提供了切实可行的操作依据。

我们认为，在运用荣誉申报制，多元化评价学生的实践中，可实行目标选择的自主化、申报程序的规范化、奖励对象的全员化和评价方式的多元化四项基本策略。使用这些工作策略，能大面积地满足学生的进取心，能使教育活动落到实处，能真正对学生进行全面的综合评价，进而全面调动所有学生的积极性，实现真正意义上的全面发展。在教育实践中，我们树立了全新的人才观，更深刻地认识到，要善待每一个学生，同时我们让学生变得更加自信、自强，更好地善待自己。

我们认为，荣誉申报制是一种在可行性上具有强大优势的教育方法。因为它坚持了以下七个"确保"：确保荣誉设置的全面化、确保实施过程的资料化、确保评价主体的多元化、确保评价方法的合理化、确保评价要求的标准化、确保评价内容的个性化。按照这七个"确保"去实践，我们的教育工作开展得就会更顺利，"天生我材必有用""行行出状元"，人人都可以成功，个个都可以成才的哲言在我们的学生身上得到了体现。

我们认为，该课题紧跟时代步伐，积极运用美国心理学家加德纳多元智力理论和华东师大王斌华教授"发展性评价"理论，采用"荣誉申报制"，对学生进行多元化评价，其实质是变过去以成绩为中心的单一、静态评价方式为多元化的、动态评价的方式，以发展的眼光来看待学生，而不是用一把固定的尺子对学生进行分类。它不是为了评价而评价，更多体现的是一种全新的评价理念。其根本特征是：结果评价和形成性评价并重，重在学生的发展过程；评价角度多元化（评价对象面对全体学生、评价内容多样、评价方式多样化）；学生和教师之间是一种互动的评价，学生是评价的主体；评价的目的是促进学生的发展，而非奖惩；在科学客观的基础上评价，学生能感受到教师的鼓励。教育实践中，我们明显感觉到，"荣誉申报制"注重对学生进行扬长教育、激励教育和信心教育的做法，极大地调动了学生的积极性，使学生健康、快乐成长。

我们认为，该课题具有推广价值。课题研究过程中，参与实验的学生普遍感到快乐，在德智体美劳方面都取得很大成绩，变得自信阳光。这种培养、评价学生的方式与《国家中长期教育改革和发展规划纲要（2010—2020年）》提出的培养人才方式和近年各高等院校的"综合评价录取"相吻合，具有前瞻性、时代性、可行性。该课题研究取得了一定的成效，对于展示学生优点、挖掘学生潜力、培养学生良好人格具有重要的实践价值，为开展新课改提供了理论依据。因此，该课题具有推广价值。

十三、有待进一步思考的问题

目前，我国正在深化教育体制改革，国家相继出台了《国家中长期教育改革和发展规划纲要（2010—2020年）》《中小学教育质量综合评价指标框架（试行）》，这是我们基础教育的指挥棒。但是，尽管上级发了文，不少学校和老师评价学生还是以考试成绩论英雄，很多需要学生亲身实践的课程如社会实践、音体美应用技术课被文化课代替了，甚至学生阅读报纸杂志、看电视了解新闻的权利被剥夺了，学生除了读书还是读书——"两耳不闻窗外事，一心只读高考书"，他们成了只会考试的机器。这就需要上级教育主管部门改革评价学生的指挥棒，落实改革措施，坚决摒弃只顾考试成绩而不培养学生综合实力的做法。

古人说，三百六十行，行行出状元。历史已经证明而且还将继续证明，学生的成才是多方面的。而通才微乎其微，社会需要多元人才。因此，我建议上级教育主管部门，改革评价学生的方式，改革招生考试的模式，充分发挥学生特长，培养他们健全的人格、阳光的心态，为学生的终生幸福奠基。

参考文献

[1] 韦伯.有效的学生评价 [M].国家基础教育课程改革评价项目组，译.北京：中国轻工业出版社，2003.

[2] 约翰逊.学生表现评定手册：场地设计和前景指南 [M].李雁冰，译.上海：华东师范大学出版社，2001.

[3] 李崇坤.多元化教学评量 [M].台北：心理出版社，1999.

[4] 雷吉尔.落实多元智慧教学评量 [M].台北：远流出版社，2000.

[5] 霍华德·加德纳.智力的结构 [M].北京：中国人民大学出版社，2008.

[6] 王文中.教育测验与评量·教室学习观点 [M].台北：五南图书出版股份有限公司，2004.

[7] 熊川武，江玲.理解教育论 [M].北京：教育科学出版社，2005.

[8] 彭聃龄.普通心理学 [M].北京：北京师范大学出版社，2007.

[9] 王斌华.发展性教师评价制度 [M].上海：华东师范大学出版社，1998.

"普通高中研究性学习指导研究"研究报告

一、问题提出

研究性学习课程是以课题为载体，研究活动为主要承载方式，以培养学生综合能力为目标，以全面提高全民族基本素质为目的的课程。活动是研究性学习的第一表现形式，即学生必须通过活动来实现研究性学习，教师必须通过活动来实现培养人的目标。要使研究性学习课程能在当今教育中生根开花结果，必须让教师学会研究性学习活动的指导，让老师掌握研究性学习的规律，让学生理解其过程。基于此，为使"研究性学习"这一门必修课能够健康、有序、全面地推进与实施，我们应用建构主义理论和新课程理念，选择了"普通高中研究性学习指导研究"课题进行深入探讨，并编写了《研究性学习活动指导》一书。

二、课题界定

本课题所说的"研究性学习"包含两个方面：一是指课程形态的研究性学习，研究性学习课程是为研究性学习方式的充分展开所提供的相对独立的、有计划的学习机会。研究性学习课程是指向于研究性学习方式的定向课程。二是指学习方式的研究性学习，是学生主动探究的学习活动和学习方式，即学生在教师指导下，以课程中的问题为载体，创设一种类似于科学研究的情境和途径，教师引导学生主动探索、发现和感悟，通过对大量信息的挖掘、收集与整理，学会对所获信息进行分析、判断和推理，从而实现增进个体思维力和创造力这一目标。

本课题所说的"指导"是指点引导，即以研究性学习开展过程为主线，以研究性学习典型案例为载体，以研究性学习方法指引为策略，以培养学生的综合素质为重点，给学生在思维上以引导，在程序上以疏导，在方法、技巧上以指点。

三、研究综述

自 20 世纪 90 年代以来，"研究性学习"这种学习方式被视为课程改革的重要内容。1999 年，法国基础教育司颁布《关于 1999 — 2000 学年在高中开展"有指导的学生个人实践"实验的通知》，正式拉开在高中阶段实施研究型课程的序幕。2001 年，日本新课程体系中专设"综合学习时间"，其目的是追求跨学科的、综合性的学习；并确认这种行为对学生培养"生存能力"，更好地适应国际化、信息化等为标志的社会变化是十分必需的。我国台湾省目前推行的新课程非常强调学习方式的转变，培养学生的"主动探索和研究精神"以及"解决问题的能力"。在我国香港特别行政区，新课程的基本理念是"终身学习、全人发展"，贯穿这一基本理念的课程体系则以学会研究性学习为总目标。在我国正在实施的课程改革中，设置"研究性学习"为必修课，强调学生改变学习方式，强调教师转变教学方法，顺应了世界课程改革的发展趋势和国际教育课程发展的主流。

华东师大霍益萍教授认为：教师的指导主要表现为引导学生发现、提出整理成果所遇到的困难，组织学生展开研究讨论；对学生在研究讨论、总结整理的过程中出现的问题给予必要的点拨、提示。湖南省长沙市教科院研究员、全国综合实践活动项目组专家姜平在 2011 年 3 月结题的"综合实践活动课程常态化实施策略"课题研究指出综合实践活动课程管理主要包括了五个方面的内容，其中关于研究性学习指导的内容是：一方面，制定切实可行的综合实践活动实施指导意见，把对学校的管理与对学校工作的指导结合起来；另一方面，教育行政部门调整教师编制结构，落实综合实践活动的指导教师，妥善处理综合实践活动指导教师的职称评定、业绩考核等方面问题。并为综合实践活动基本课堂教学建构了六种范式，梳理了每种范式指导过程中注意的要点，这六种范式分别为：选题指导课、主题分解课、活动策划课、阶段交流课、总结交流课、方法教学课。

四、研究意义

研究性学习活动，既是综合性学习又是学科课堂学习的延伸和补充。教师在指导学生研究性学习活动中应更多注课内知识与课外知识的联系，关注学生能否通过研究性学习加深对课内知识的巩固和运用。这就要求教师在组织课堂教学时转变教学观念，营造师生平等、民主和谐的教学氛围，激发学生的问题意识和探求问题的欲望。尊重学生的个性理解，鼓励学生多角度分析问题、解决问题。

如果解决了研究性学习活动指导这一问题，那么教师在研究性学习教学过程中的指导者角色，将得到良好的体现。教师可以应用优秀的教学理念、找到合适的教学内容，采取更灵活的指导方法，进而提高指导效益。研究性学习强调以学生为主体，倡导学生在综合实践活动课程中根据自身兴趣和爱好，以问题为中心，以研究为手段，进行自主性探究，并运用基本的科学方法去研究，尝试解决问题。本研究对研究性学习活动的理论、内容、方法的丰富有十分重要的意义。

五、理论依据

（一）建构主义理论

建构主义理论主要有三个基本观点。第一，学习是一种意义建构的过程：人们对事物的理解与其自身的认知结构有关。学习者在学习新的知识单元时，不是通过教师的传授而获得知识，是通过个体对知识单元的经验解释从而将知识转变成了自己的内部表述。知识的获得是学习个体与外部环境交互作用的结果。第二，学习是一种协商活动的过程：学习的发展依靠人原有的认知结构。由于每一个学习者都有自己的认知结构，对现实世界都有自己的经验解释，不同的学习者对知识的理解会不完全一样，从而导致了有的学习者在学习中所获得的信息与真实世界不相吻合。此时，不同的学习者只有通过社会"协商"和时间的磨合才可能达成共识。第三，学习是一种真实情境的体验：学习的目的不仅仅是要让学生懂得某些知识，而且要让学生能真正运用所学知识去解决现实世界中的问题。

（二）行动研究理论

行动研究法是一种适合于广大教育技术实际工作者的研究方法。它既是一种方法技术，也是一种新的科研理念、研究类型。行动研究是从实际工作需要中寻找课题，在实际工作过程中进行研究，由实际工作者与研究者共同参与，使研究成果为实际工作者理解、掌握和应用，从而达到解决实际问题、改变社会行为的目的的研究方法。行动研究要求实际工作者积极地反思、参与研究，要求研究者深入实际，参与实际工作，并要求两者相互协作，共同研究。这样，研究者可以从"局外人"转变为"参与者",从只负责"发现知识"到负起解决实际问题的责任,还可使实际工作者改进其行动。

六、研究目的

在本课题的研究过程中,我们将突破三个问题。

一是构建研究性学习活动指导的基础理论。我们通过文献研究法,查阅了大量资料,都没有比较完整系统的的研究性学习活动指导的基础理论的述论,特别是研究性学习活动指导心理、研究性学习任课教师特质、研究性学习活动基地建设与课程开设的相关内容。我们希望能通过研究解决之。

二是丰富研究性学习活动指导的基本内容。研究性学习到底学什么?教育部颁布的《基础教育课程改革纲要(试行)》给出了参考。但一线教师还是云里雾里。所以我们意图通过本课题研究找到一些可循的规律,让教师从知识与方法的学习完美地向应用发展,给一线教师以参考与使用。

三是探索研究性学习活动指导的基本方法。研究性学习活动如何指导?这个问题已经有很多文献进行了论述,但也是缺乏系统性,未揭示研究性学习活动指导的系统理论与各方向的个性与共性。从形式上来看,现有文献大都以案例讲解为主,而每个案例所具有的只是特殊情况下的个性问题。所以我们想通过本研究找到研究性学习中有借鉴价值的指导方法与规律。

七、研究内容

本课题设置了5个研究方向,20项具体研究内容:

1. 研究性学习指导理论研究
①研究性学习指导基本理念研究
②研究性学习任课教师特质研究
③研究性学习指导心理研究
④研究性学习基地建设研究
2. 研究性学习指导内容研究
①研究性学习概论研究

②研究性学习方法与策略研究

③研究性学习方法系统与实践应用研究

3．研究性学习分类活动指导方法研究

①自然资源类课题研究性学习方法指导研究

②科技创新类课题研究性学习方法指导研究

③活动设计类课题研究性学习方法指导研究

④科学实验类课题研究性学习方法指导研究

⑤学科学习类课题研究性学习方法指导研究

4．研究性学习区域活动指导方法研究

①研究性学习课堂教学方法指导研究

②研究性学习校园活动方法指导研究

③研究性学习校外活动方法指导研究

5．研究性学习互联网博客开发与应用研究

①研究性学习教学博客开发与应用研究

②研究性学习教学博客建设研究

③研究性学习课题学生博客可行性研究

④研究性学习课题学生博客建设研究

八、研究方法

本课题主要采用文献资料法、行动研究法和个案研究法进行系统研究，具体做法如下：

1. 本课题将运用访谈法、问卷调查法对普通高中研究性学习指导现状进行抽样调查，重点了解指导过程中的矛盾所在。

2. 采用行动研究法，对研究性学习分类指导过程进行实证研究，重点落在归纳研究性学习指导原则、方式、特点、技巧、技术、管理和评价问题上。

3. 采用个案研究法，对普通高中研究性学习指导典型案例进行分析、整理，并推广集结，让其起到典型示范作用。

九、研究过程

1.具体研究安排

2011年9月—2013年9月	研究性学习指导理论研究	研究性学习指导基本理念
		研究性学习任课教师特质研究
		研究性学习指导心理研究
		研究性学习基地建设研究
2013年9月—2014年9月	研究性学习指导内容研究	研究性学习概论
		研究性学习方法与策略研究
		研究性学习方法系统与实践应用研究
2014年9月—2015年9月	研究性学习指导方法研究	社会问题类研究性学习方法指导研究
		自然资源类研究性学习方法指导研究
		科技创新类研究性学习方法指导研究
		活动设计类研究性学习方法指导研究
		学科实验类研究性学习方法指导研究
2015年9月—2016年9月	研究性学习区域活动指导方法研究	研究性学习课堂教学方法指导研究
		研究性学习校园活动方法指导研究
		研究性学习校外活动方法指导研究
2014年6月—2017年6月	研究性学习互联网博客开发与应用研究	研究性学习教学博客可行性研究
		研究性学习教学博客建设研究
		研究性学习课题博客可行性研究
		研究性学习课题博客建设研究
2017年以后	整理结题资料，进行成果推广	

2.具体研究活动

（1）研讨会议。会议是中学科研的重要程序。几年来，我们举行的与本课题有关的大小会议30余次，通过会议，我们统一思想，明确任务，交流方法，讨论假设与预期，大家各抒己见，使本课题的研究活动不断推进，研究成果也一个接一个地产生。

（2）调查活动。为了让课题更客观真实，我们在全市范围内的每所高中发放调查问卷，一共回收有价值的问卷千余份。我们还利用各种机会与专家访谈，一是获取专家的指导，二是解决研究过程中出现的难点问题。如邵阳市教科院的理论室主任赵建军同志指导了课题构架、研究性学习活动指导心理研究等问题；与湖南省教科院综合实践活动教研室，交流普通高中研究性学习活动指导的内容设置与指导方法等问题；请湖南省教育科学规划办主任李小球谈研究性学习活动指导教师特质和活动基地建设等问题；还请了教育部基教司郑增仪司长，讲解中国教育发展方向问题等。在这些调查与访谈过程中，我们明白了方向，得到了支持，充满了动力，掌握了理论，把握了教育发展动向。

（3）实践活动。实践是检验真理的唯一标准。我们要使课题研究出有价值的成果，必须通过实践，本课题组成员为了探究各自承担的研究方向，纷纷带领学生到隆回县虎形山、崇木凼瑶族乡调研花瑶文化；到隆回县荷田乡云仙洞、滩头镇白水洞进行溶洞景观探险；到隆回县白马山、望云山进行旅游资源开发调研；到隆回县司门前镇进行魏源思想调研；还到离学校百公里以外的溆浦县龙潭镇进行隆溆抗战历史调研；同时在教育部综合实践项目组的组织下，到北京进行社会实践活动夏令营等。所有这些活动，都让教师有所思，学生有所得，为课题研究获得了第一手资料。

（4）编撰专著。在教育部综合实践活动研究项目组负责郭元祥教授的多次指导下，在人民教育出版社编审编辑的指点下，我们首先完成了《研究性学习指导研究》的目录构思，然后进行逐篇拟稿。为了完成该书的编写任务，老师们夜以继日地伏案工作，集中全部精力完成书稿撰写任务，有的还调动有写作功底的家人参与撰稿。还有教师在研究实践中，指导学生撰写并在省级以上刊物发表日记百余篇。确实留下了许多感人的故事。

（5）修改验证。课题研究历时7年，初稿完成时达28万字，专家指出，理论专著不能变成日常生活的"账本"，所展示的应该是有代表性的，具典型性的过程与结论，要凝结价值与意义于一身，论述要精辟，讨论要简洁，描绘要优美，观点要正确。于是课题组理论专著编写组的老师又对文稿进行概括和润色，最终浓缩为17万多字的成稿。

十、研究结果及分析

1. 明确了研究性学习活动指导的基本理念、基本特点、基本原则

研究性学习活动指导是教师引导学生学会发现问题、提出问题，增强问题意识，帮助学生初步学习分析与解决问题的科学方法，提高分析与解决问题的能力，发展创新精神，教育学生在探究学习过程中学会交流与合作，发展合作能力，并

初步养成科学态度与科学道德的点拨活动。研究性学习活动指导的基本特点包括现场性特点、实践性特点、操作性特点、针对性特点。研究性学习活动指导的基本原则包括鼓励性原则、发展性原则、愉悦性原则、可行性原则。

2. 探讨了研究性学习活动的心理学基础

研究性学习活动指导，必须首先懂得学生研究性学习活动的心理现象与心理规律，只有掌握学生在研究性学习活动中的心理表现与本质，才能正确地施行有效的指导方法。研究性学习活动课程是以学生兴趣为基础的课程，也是彰显学生个性和爱好的课程。它强调以问题为中心，以实践为前提，以课题活动为载体，以探究为方法，以解决问题为目标，是学生开发创造性潜能的有效途径。学生在研究性学习活动中的不良情绪主要表现为：畏难情绪、急功近利情绪、嫉妒情绪、不满情绪、自卑情绪等。研究性学习活动能够激发学生的探究欲。实验表明，研究性学习活动是有动机的学习活动，其动机表现在指向解决学生生活中的问题，它是为了解决问题而开展的活动，而结果又反作用于研究性学习活动的内容。通常来说，研究性学习活动在选题时，学习者根据身边的问题，产生解决的欲望，然后自主地由这种欲望确定研究性学习活动的内容。根据研究性学习活动是以发现问题为起点、解决问题为过程、成果共同分享的特点，可知问题根据有需要而发现的，而探究欲是由问题而生成的，有了探究欲，就形成了动机，有了动机，便由动机决定着自己的行动。行动后获得成果，在收获了成果后，人们便有了新的需要，人类就是这样不断循环往复进化的，而且新的需要发生了质的变化，形成了一个新的飞跃。

3. 构建了研究性学习活动指导的方法体系

研究性学习活动指导方法，是教师指导学生为完成研究性学习活动任务所采用的方式和手段。它既包括教师"教"的指导方式和学生的"学"的方式，还包括研究性学习活动中教与学相互作用的手段和方式。在研究性学习活动过程中，教师的地位发生了根本性的转变，教师不只是知识的权威掌握者，更是学生求知途中富有经验的组织者，是学生的求知伙伴。研究性学习活动常用的指导方法有授课式指导法、示范式指导法、渗透式指导法、归纳式指导法、对比式指导法、矫正式指导法、尝试式指导法、释疑式指导法、结构式指导法、表演式指导法、典例式指导法、索引式指导法等。

"研究性学习活动"的出现改变了以往教师在教学中的地位和作用，因而它也对我们的教师提出了新的要求。专任教师要具备"范"的师德特质、"宽"的知识特质、"强"的能力特质、"亲"的组织与管理特质。

4. 明确了研究性学习活动指导评价的目的

研究性学习活动指导评价分教师评价、辅导员评价两类。研究性学习活动指导评价的根本目的在于调动师生的主动性、积极性。要求充分激发教师的工作热情，培养学生的创新精神和实践能力；充分开发学生潜能，促使学生富有个性地、全面健康地发展。评价本身不是目的，评价的目的是激励与调控。研究性学习活动指导评价应遵循激励性原则、公正性原则、发展性原则、科学性原则。

5. 建立了研究性学习区域活动指导方法体系

实践证明，研究性学习活动在不同场合与不同地域，指导方法是不同的，通常来说，在研究性学习的课堂活动、校园活动和校外活动中，活动的时间、活动的范围、活动的内容、活动的方法和活动形式都各有特点，其指导方法也不尽相同。

研究性学习课堂教学方法观：我们不排除课堂教学中的讲授课，但我们更支持教师精讲学生多练课；不排除课堂教学中的一言堂，更支持课堂教学中的互动课；不排除课堂教学中的教师表演课，更支持课堂教学中的活动课。总之，课堂教学方法的选择上，要求教师根据教学内容灵活机动地选取，不支持不符合教学内容的活动，也不支持应付检查的活动。教学即指导，指导也是一种教学。

研究性学习校园活动观：研究性学习校园活动是课堂教育的第一延伸和补充。实践证明，丰富的研究性学习校园活动，为学生构建了一种开放的学习环境，为学生创设了宽松、自由的活动空间，为学生提供了多种渠道获取知识，引导学生积极主动地学习，使学生的学习在教师引导下成为主动且彰显个性的过程，也使学校延伸了学科学习内容，进一步地开发学生智力，提升学生自主学习能力。

研究性学习校外活动观：我们认为，研究性学习校外活动是学校教育的第一延伸，是课堂教育的第二补充。研究性学习校外活动以学生发展为本，全面贯彻素质教育，充分利用学校以外的社会资源、自然资源，培养学生爱祖国、爱家乡、爱人民、爱劳动、爱学习的良好品质，使学生在掌握社会科学、自然科学文化知识的同时，积极储备实现人生目标的综合能力、对自然科学的认识能力与对人类社会的适应能力。

6.开展了研究性学习活动的校外活动基地建设实践

学校广泛开拓本地的教育资源，建设教育基地，让学生在研究性学习活动的校外活动基地里，把学校教育和社会教育紧密地联系起来，也让他们走进自然，在自然中学习，在生活中认识自我。研究性学习活动基地的建设，必须规范合理，才能发挥良好的作用，必须遵循资源性原则、县域性原则和课程性原则。设置研究性学习活动基地课程时，要注意遵循综合性原则、实践性原则、活动性原则、自主性原则、选择性原则、安全性原则。基地建设要做到有组织领导、有志愿者辅导员队伍、有工作制度、有特色资源、有活动场所。研究性学习活动基地的资源有三种分类方法：按研究课题的类别分类；按资源的特征分类；按教育功能分类。开展研究性学习活动的基地活动按组织形式分，有校级活动、班级活动、小组活动与个体活动四种方式；按辅导方式分，有报告讲座式、导游讲解式、访谈交流式、操作表演式和实践体验式五种；按活动性质分，有调研式、实验式和实践式三种。

隆回一中研究性学习活动基地布局情况表

编号	挂牌名称	课程		
1	民俗研究基地	民族风情调研	基督教调研	宗教管理
2	思想教育基地	魏源思想调研	袁吉六教育	法治教育
3	自然保护基地	云仙洞开发	旺溪瀑布开发	望云山林业
4	工业活动基地	手工业实践	水泥工业实践	建筑工业实践
5	农业体验基地	杂交水稻试验	三辣增产实验	金银花种植
6	遗产传承基地	滩头年画	七江炭花舞	花瑶挑花技术
7	技艺训练基地	演讲与辩论	音乐与舞蹈	写作与主持
8	公务见习基地	信访处理	民政事务处理	民情调查
9	军事学习基地	队列训练	军事学习	组织行为学
10	安全消防基地	灭火训练	抢险训练	救援训练

我们按照综合实践活动课程的实际需要，分别承担一定的新课程改革实践任务。它既与校内教育密不可分，又与课堂教学中的学习内容、教育方式、组织形式等方面有根本区别，是学校和家庭教育的有效延伸与完美补充。实践证明：走工、农、商、学、兵、科、法、政相结合的道路，立足实际，因地制宜地利用现有教育资源，能收到良好的教育教学效益，学生的能力也可在短期内获得大幅度的提升。

7. 分析了研究性学习课题博客建设策略

研究性学习课题博客，指参加研究性学习活动的课题组成员在社交网络平台上创建的课题博客，成员在此上传研究性学习活动的相关文字、图片、视频等资料，向社会展示本课题的研究过程与研究成果。互联网博客具有信息发布、成果交流、图片视频分享等功能，对学生研究性学习活动具有重要的价值。

8. 系统总结了研究性学习活动内容、方法和功能

研究性学习活动的课题活动，包含了九项基本工作、八种具体活动、七大教育功能。

九项基本工作包括：①前期准备工作，通过观察人们的生产生活，多思善想，发现其中存在的问题；②把问题汇集起来，选择典型的、起关键作用的问题作为研究的主体；③小组成员对所选问题做市场调查，归纳商讨后确定研究课题；④制订研究方案与活动筹备，向上级主管部门申报立项；⑤作开题汇报修改活动方案；⑥实施方案计划，进行有效的研究工作；⑦归纳研究活动所获信息撰写结题报告；⑧将课题成果上报有关部门以供专家鉴定；⑨将鉴定后获得认可的成果在社会上推广应用。

八种具体活动包括：①在生产生活中的观察活动；②确定主题后的选择活动；③方案撰写成功后的课题申报活动；④开题汇报活动；⑤根据方案展开的研究活动；⑥在研究过程中获取并筛选信息的活动；⑦研究成果报送、报审活动；⑧成果推广活动。

七大教育功能包括：①提高学生在生活中发现问题的能力；②提高学生认识问题和初步研究问题的能力；③在研究过程中培养学生的沟通能力和处理问题的能力；④在开题报告过程中锻炼学生的演讲能力；⑤在研究过程中培养学生的综合能力；⑥在结题过程中培养学生的分析能力；⑦在成果汇报鉴定时能有效锻炼学生的写作能力。

9. 探讨了研究性学习活动成果形式观

因为研究性学习活动的载体是课题，所以研究性学习活动的成果表现形式一般有研究报告、调查报告、考察报告、实验报告、研究论文、展示课件、研究过程和结果等，这些通常称为课题的一般成果。由于研究性学习活动注重学习者的生活体验，而体验生活的收获比课题成果更丰富，所以我们认为：只要是学生在参

与研究性学习活动课题活动中，自己亲手操作的实验，所撰写的感悟、体会和其他作品等都属于课题成果的范畴。如初研感悟、日记、心得，以及在活动中创作的文学作品、文艺作品、音乐作品、美术作品、摄影作品和科技创新作品等，都是研究性学习活动的成果。我们把这些成果，称为研究性学习活动的特殊成果。学生的研究性学习活动成果，具有多样性、丰富性，其特殊成果具有生活性、原创性和情感表露的真实性等优势，因而更为珍贵，更有价值。

10. 提出了研究性学习课题的新型分类观

研究性学习活动课题分为社会科学和自然科学两大范畴，但为了便于学生掌握课题研究的内在规律与具体实施，我们又把研究性学习活动课题分为社会问题类、活动设计类、自然资源类、科学实验类、科技创新类和学科课题类六类。其中社会问题类和活动设计类课题属于社会科学类课题，自然资源类、科学实验类和科技创新类课题属于自然科学类课题。学科课题类属于社会科学与自然科学的交集范畴。

十一、课题研究的成果及反响

1. 编撰了《研究性学习指导研究》专著一本

该书于 2015 年 12 月由东北师范大学出版社正式出版，在省内外兄弟学校中获得较高评价与反响，如海南省北京师范大学万宁附属中学、重庆市字水中学、山东省滨州市阳信县翟王镇中学、湖南省张家界市慈利县第一中学、湖南省邵东第一中学等学校均特写来致谢信。

2. 在正式刊物上发表了 17 篇课题研究论文

[1] 邹启文 . 略论综合实践活动课题的分类 [J]. 综合实践活动 .2012.6

[2] 邹启文 . 花瑶特产考究 [J]. 基础教育研究与探索 .2013.6

[3] 阳勇华 . 生命在体验中成长 [J]. 语言文字报 .2013.6

[4] 邹启文 . 花瑶风物考察 [J]. 科技与教育 .2013.8

[5] 邹启文 . 研究获取指导内容，校本教材成果载体 [J]. 综合实践活动 .2013.11

[6] 陈华堂 . 学习的根本在于应用——关于导数的研究性学习 [J]. 年轻人 .2014.6

[7] 邹启文 . 大课堂的幸福指数——湖南隆回一中开设综合实践活动课程素描 [J]. 教育 .2014.9

[8] 邹启文 . 警用防暴电盾：挑战美国队长的神兵 [J]. 十几岁 .2015.9

[9] 阳自田 . 普通高中开展社会实践活动的探索 [J]. 邵阳教育 .2015.9

[10] 杨能荣 . 倾听学生成长的声音 [J]. 湖南教育 .2015.11

[11] 邹启文 . 学生研究性学习活动五种反思的方法与内容 [J]. 综合实践活动研究 .2015.11

[12] 陈惟凡 . 先进的教育育德育才 [J]. 华声教育 .2016.3

[13] 邹启文，阳自田 . 研究性学习活动资源开发与整合研究 [J]. 教育科研成果蓝皮书 .2016.7

[14] 廖飞 . 研究性学习的心理学指导研究 [J]. 时代教育 .2016.9

[15] 杨能荣 . 仔细考虑，精准辨析 [J]. 作文周刊 .2016.9

[16] 陈惟凡 . 促进学生全面有个性的发展 [J]. 当代商报 .2016.11

[17] 陈惟凡 . "五个引领"学生全面而有个性的发展 [J]. 决策参考 .2016.12

3. 在全国各地进行了多场学术报告与经验介绍

（1）2012 年 12 月，在重庆举行的全国课程改革实验区综合实践活动第十届研讨会暨中小学校外教育基地综合课程建设研讨会上，课题组邹启文老师作了"积极开展综合实践活动，大力提升高中学生能力"的学术报告。

（2）2014 年 5 月，在陕西西安举行的全国基础教育课程改革实验区综合实践活动第十二届研讨会暨中美学习方式变革与课堂教学高级研修班上，课题组邹启文老师作了"大课堂、多综合、重实践，努力为学生终生幸福奠基"的经验介绍。

（3）2014 年 12 月，在邵阳市高中校长年会上，课题组陈惟凡校长作了"抓好教育科研，促进教学质量——努力为学生终生幸福奠基"的经验介绍。

（4）2015 年 11 月，在江苏连云港举行的首届中国 STEM 教育国际论坛暨综合实践活动优秀成果展示交流会议上，课题组邹启文老师作了"实践让能力生根抽穗，活动使课题开花结果"专题演讲。

（5）2017 年 5 月，在湖南省课改样板经验交流会上，课题组阳勇华老师作了"逆流而上、历尽艰难、铸造辉煌——隆回一中研究性学习课程实施情况汇报"专题演讲。

4. 课题研究对我校学生研究性学习活动开展起到了极大的促进作用，学生课题成绩十分喜人

（1）学生研究性学习课题《花瑶挑花》入选湖南省省编教材。

（2）在 2017 年度湖南省中小学研究性学习成果评选中，我校有 1 项课题荣获省一等奖（全省共 13 项），2 项课题荣获省二等奖（全省共 24 项），1 项获省三等奖（全省共 47 项）。在 2017 年度邵阳市中小学研究性学习成果的评选中，我校有 9 项课题荣获市一等奖（全市共 20 项），7 项课题荣获二等奖（全市共 12 项），18 人被评为优秀指导教师。

十二、问题讨论

科学实验类研究性学习课题的研究方法是科学的，其研究成果也是可靠的。从 2011 年启动，经过七年的探索实践，在课题组的努力下，现在已完成了研究任务，基本达到了预期目标，形成了一定的课题成果，取得了较好的实验效果，也积累了很多很好的实践经验，取得了丰硕的成果。

回顾这一课题实验，还存在不少的问题：实验研究缺乏专家的指导，缺少量化的评估。教师的理论研究水平及科研能力有待提高。在课题研究的过程中，调动各方资源（如家长、社区）的能力还需加强。及时总结与提升的意识有待加强，研究力量过于分散、研究水平有限，研究的随意性大，实验控制的操作性差，以及实验成果的推广难等。今后，续研者可从实验控制的操作性研究入手，提高实验研究类课题成果含金量研究等方向探索新路。

总之，研究性学习是一种有创意的学生学习方式，它代表了教学理论发展的一种趋势，学校、老师有效的引领与指导，使学生通过课题研究获得新时代所需要的能力，在实践中体会到课题研究的酸甜苦辣，这必将成为他们人生一笔无形的巨大财富，我们将会看到我们的学生在蓝天中展翅翱翔，飞向那更高更远的未来！

参考文献

[1] 张人红 . 国外及港台地区研究性学习资料选编 [M]. 南宁：广西教育出版社，2001.

[2] 姜平 . 综合实践活动课程实施策略 [M]. 北京：首都师范大学出版社，2010.

[3] 张人红 . "研究性学习" 在美国 [J]. 教育发展研究 .2001.

[4] 钟启泉，高文，赵中建 . 多维视角下的教育理论与思潮 [M]. 北京：教育科学出版社，2004.

[5] 万伟 . 谈日本初中课程改革中的综合学习时间 [J]. 外国教育研究，2002.

[6] 周国韬 . 论综合学习课程的设置——日本中小学课程改革的新发展 [J]. 外国教育研究，2002.

[7] 尹后庆 . 上海开展“研究性学习”的实践与认识 [J]. 上海教育科研，2000.

[8] 郭元祥 . 综合实践活动课程的实施 [M]. 北京：高等教育出版社，2003.

[9] 郭元祥 . 走向课程领导 [M]. 上海：华东师范大学出版社，2004.

[10] 钟启泉，崔允漷 . 新课程的理念与创新——师范生读本 [M]. 北京：高等教育出版社，2003.

[11] 麻晓春 . 探究教学的思考与实践 [M]. 杭州：浙江科学技术出版社，2009.

《普通高中研究性学习指导研究》课题组

抗金斗士的"抒愤"与"呐喊"

——听青年教师王婷微课《书愤》教学竞赛有感

　　《书愤》是高中统编版（2019）选择性必修中册古诗词诵读单元中的第四首，全诗紧紧扣住一个"愤"字，通过对自己早年豪情壮志和抗金斗争豪迈生活情景的追述，抒发了诗人有心报国、无路请缨，年华空老、功业难遂的郁"愤"心情，但字里行间悲愤而不颓废，不满和悲叹交织，气愤与呐喊共振，展现了诗人复杂深沉的内心世界，以及"抒愤"和"呐喊"背后浓厚的爱国精神和伟大的人格魅力。

一、世事艰，愤杀敌有罪

　　陆游生活所处的时代，金兵南指，神州陆沉，南宋当局不思北伐，偏安江南一隅。极力主张抗金的诗人陆游，触及了投降派的利益，其作《书愤》之时62岁，已罢官6年之久，空衔蛰居故乡山阴。陆游深感世事艰难，小人误国："书生无地效孤忠"，"报国欲死无战场"。郁愤之情喷薄而出，遂作此篇。

　　到底是怎样的"世事艰"呢？陆游1岁时"靖康之难"爆发，全家被迫开始了8年的逃亡生涯；17岁那年，宋金议和，划淮水为界，岳飞被害，陆游悲吟；20岁写诗明志，"上马击狂胡，下马草军书"；30岁，虽礼部考试第一，但因"言征伐恢复事"遭投降派秦桧排挤打击而被除名；37岁，朝廷起用主战派，陆游趁机提出了许多政治军事主张，并给予孝宗以有力支持，然北伐失利，宋再度求和，朝廷意志动摇，主和派重新抬头，陆游被削职返乡；45岁，陆游任四川宣抚使王炎幕僚，草拟北伐计划，作《平戎策》，并到定军山、大散关等战略要塞巡逻，这是陆游一生中第一次也是唯一一次亲临抗金前线、力图实现北定中原的军事实践，虽然只有短短的8个月时间，却给他留下了永生难忘的记忆。然投降派阻挠破坏，《平戎策》流产，王炎回朝，幕府撤散，陆游的作战主张不仅得不到实现，自己也被调离……

"良时恐作他年恨，大散关头又一秋"，从当初 20 岁立志北伐中原的意气风发到年届花甲、北定中原仍无可期的无奈，转眼 40 多年过去了，诗人万万没想到，杀敌报国之路竟会如此多舛。"扫胡尘""靖国难"的言行竟然成为一种罪过！面对奸人作梗、屡遭罢黜的局面，诗人不禁"中原北望气如山"，这里的"气"，我想有这么三层意思：既有那少时立志"北定中原"一如山涌的壮心"豪气"，也有追忆大散关那段战斗生活的豪迈威武、如山"浩气"，更有杀敌有罪、屡遭罢黜的郁愤怨恨之"气"。至此，"豪气""浩气""愤气"交迫，空有报国志，却无报国门，诗人急火攻心，心如泣血，血气升腾，排山倒海，万难抑制也。

二、空自许，愤报国无门

"莫笑少年江湖梦，谁不少年梦江湖。"是啊，哪个少年心中不藏着一个梦呢？陆游也不例外，"切勿轻书生，上马能击贼""平生万里心，执戈王前驱"是他念兹在兹的梦想，少年意气，他也期望并坚信自己能像刘宋名将檀道济一样，成为保卫边疆的"万里长城"。檀道济曾在强敌环伺、军粮已断的危急险要关头，镇定自若，全军而还，后来更是立功数朝，威名日重，但也因小人屡进谗言最终落至斩首惨境，临死前怒气冲天，目光如炬，顷之豪饮坛酒，脱巾置地，愤言："乃复坏汝万里之长城！"

陆游以此军事家自比自诩，大气磅礴、捍卫家国、扬威边陲、舍我其谁之自信之意气可见一斑。然而，最怕问初衷，大梦成空，年少立志成英雄，蹉跎万里无寸功，诗人壮心未遂的苦闷全聚焦于一"空"字——抱负落空，努力落空，一切都空，蹉跎一甲子，"庸碌"尘世中。这里的因"空"而愤，绝不只是个人梦想未成、功业未就的羞赧无颜，也绝不仅仅是"少壮不努力，老大徒伤悲"的懊恼悔恨，而是，这一结局，绝非诗人不立己志所为，也绝非诗人不尽己力使然，实乃小人误国，世事磨人，奸人当道！对于赤心为国的诗人来说，"有心杀贼"，却"无力回天"，岂不日夜为之痛心疾首？岂不朝夕愤懑悲怆而涕下？

当然，陆游也可以羞赧。檀道济自称"万里长城"自有其资本，其与入侵的北魏前后交战 30 余次，屡屡获胜，战绩卓著，称其为将帅之才、旷世英雄名至实归；陆游自然没法和他比，大宋虽也有收复山河失地的高光时刻——"采石大战"以万余残兵力挫 17 万金军，一战奠定了宋金南北对峙格局，但毕竟是 25 年之前的事情了，而且主将是虞允文和吴璘，陆游只是以王炎幕僚身份几次亲临前线而已。"塞上长城"的檀道济没能"捐躯赴国难"，最终被绞杀在奸佞的谗言中；自比檀道济的放翁也没能马革裹尸还，病死于国土未复的遗恨中。"英雄的归宿应该是战场"，在这一点上，他俩终究灵魂相通。

三、鬓先斑，愤人生有限

"自古英雄多遗恨"。有人说："只要你努力，一切都来得及。"诚然，努力后的壮志未酬也不可怕，只要一切还来得及；年华老去也不可怕，只要能"解纷纭，平治乱，清寰宇，达至平生快意。但书生陆游，偏偏是，流年空付，壮岁空老，大志空落，揽镜自照，衰鬓斑斑，皓首皤皤！

世间悲哀事，莫过于英雄迟暮。"镜中衰鬓已先斑"，看着"雪发争出"的自己，再环顾尚缺的"金瓯"，面对这种无能为力的无奈与悲伤，诗人无语凝噎。从"鬓先斑"到三年后《诉衷情》中的"鬓先秋"，可以想象这位花甲老人是如何在惨淡之夜、孤灯之下，度过每一个"国破山河在"的日子的。虽然光复中原的激情未减、壮志未衰，但对偏安一隅的南宋小朝廷的软弱、无能与黑暗，诗人算是日益看得清晰了。一眼看得到头的生活究竟有何意义？ 1189 年被弹劾罢官之后，诗人再次退隐山阴故居，时间长达 12 年，此后，兜兜转转，浮浮沉沉，跌跌撞撞，毕生心愿未了！

老则老矣，然姜太公八十遇文王，灭商有功，厚封于齐；老将黄忠年逾古稀，依然征战疆场，受赐爵关内侯；重耳流亡列国十九载，花甲岁荣登帝位，开创了晋国长达百余年的中原霸权。"烈士暮年，壮心不已"，陆游也是不服老的，他一直在等一个机会，等一个跃马沙场、北定中原的机会。可惜，他至死也未能等到，绝笔诗《示儿》见证，诗人的抗战呐喊一直坚持到生命的最后一刻，生命消逝、年华空老的无奈和慨叹也持续到生命的尽头！

四、千载下，愤领军无人

"十四万人齐解甲，更无一个是男儿。"宋太祖乾德二年，也就是公元 964 年的冬天，新生的大宋仅仅用了 40 天的时间，就灭掉了后蜀，后蜀十四万军队几乎不战而降，后蜀后主孟昶的慧妃花蕊夫人亦被迫随之北行，目之所及，山河破碎，满目疮痍，百姓流离，有感故国之思、亡国之恨，痛而作《口占答宋太祖述亡国诗》。世事无常，没想到两百多年后，同样的一幕要在南宋上演，让陆游见证！

"出师一表真名世"，屡遭打压排挤的陆放翁在现实里找不到安慰，便只好将渴求慰藉的灵魂放之古代，他找到了诸葛孔明，其志莫深焉：一是诸葛感恩先帝知遇之恩，竭忠尽智，倾情辅佐，而诗人亦追慕先贤业绩，表明自己爱国热情至老不移，渴望效法，施展抱负；二是《出师表》名不虚传，其心昭昭，日月可见，而陆游自己恢复中原之志亦将"名世"。"千载谁堪伯仲间"，千载之内，有谁可与诸葛亮相提并论呢？诗人愤之余，意在贬斥南宋朝廷"主和派"的碌碌小人；而"愤"的内容，也正是"楚虽三户能亡秦，岂有堂堂中国空无人"，或者，"诸公谁听刍荛策，吾辈空怀畎亩忧"。在现实里找不到慰藉的诗人，将这渴求安慰的灵魂放到了未来，这自是无奈之举，诗人的一腔郁愤也只好倾泻于这无奈了。

那么，未来呢？姑且说说未来吧，在陆游去世后、灭亡前的近70年时间里，南宋还是有血性男儿的，以"宋末三杰"为代表的南宋英雄们，为了争取民族的生存和尊严，面对外族的踩躏和压迫，他们依然拼死抵抗、誓死不屈，崖山海战发出了大宋历史上最后、最疯狂的怒吼：被囚禁在元船上的文天祥，目睹十万宋朝军民英勇跳海殉国的悲壮，更加坚定了宁死不降、百折不挠的决心；柱国大臣陆秀夫心知"国事至此，唯有一死，不可受辱"，抱着年幼的小皇帝赵昺跳海殉国；抗元名将张世杰听闻宋帝死讯，面对十万浮尸，也毅然选择了投海自杀。信仰是一种力量，悲痛也是，陆游地下有知，大宋终究有血性男儿，或可慰藉了。

纵观《书愤》全篇，诗人其实已经出离了"气""愤"，他把自己少年立志的豪情，对英雄人物的景仰和推崇，对投降派的蔑视和憎恨，对大业未就的愤恨，对收复失地的坚强决心，对神圣事业必成的坚定信念以及对祖国的深沉热爱，都融进了这短短的28字诗篇中。他慷慨悲歌，唱出了那个时代的最强音；他当之无愧于伟大的爱国者，亦当之无愧于有骨气的爱国诗人！

"壮心未与年俱老，死去犹能做鬼雄。"陆游的事业，复国抗金，贯穿生死；陆游的灵魂，郁愤古今，呐喊千年！

陈齐政　赵旭红

2022年11月1日

附录

健康成长，在松坡这片土壤
——记优秀共产党员、隆回一中校长赵旭红

走进隆回一中，"为学生健康成长导航"九个大字让人印象深刻。这的确是很简单的一句话。校长赵旭红笑了笑："教育本该是一件简单的事。"

在赵旭红看来，教育就是"培养什么样的人、怎么培养人"的问题，简单而明晰。放到隆回一中，便是"健康成长"。从中学政治教师到教研员，从教育局到学校任行政，从督学到校长，赵旭红一直在教育界深耕，目标纯粹且清晰，正如"健康成长"四个字，清明且深沉，更有师者殷殷的期盼。

"我们能说每个孩子真的健康吗？"赵旭红说，"在成长的风帆中，师者就是那个给孩子健康成长导航的人。"

身教言传，育人是传承的信念

教育是一朵云推动另一朵云。在赵旭红心中，这朵云当属引领他走上教育行业的舅舅。

2013年，舅舅去世，赵旭红作《悼大舅》文，纸短情长，思念绵绵。

"我的做人、做事、治学，都受到舅舅的很大影响。"赵旭红感慨。

舅舅是高中语文教研员时，便把赵旭红带到身边读书。一次下乡听课时，有位语文老师讲解杜牧的《山行》，把第四句"霜叶红于二月花"说成了"枫叶红于二月花"，似乎振振有词，舅舅很生气，并坚持对这一问题进行全县通报。"这是大舅的治学严谨，也是一位师者的专业坚守。"

教育人的"严谨"，赵旭红一直谨记于心。比如，预备铃一响，作为教师的他早已笔直地站在教室门口；比如，参加大型公开课，对每一句话、每处语调、每个肢体语言都细细揣摩；比如，作为副校长，对于"德育"的理解及实践。

2007年，赵旭红深研"立德树人"要求，并结合隆回一中实际，提出"四立"教育：立德、立志、立言、立行。立德即树立良好的个人品德，努力成为品德高尚的人；立志即要求学生志向远大，有明确的奋斗目标；立言即学会自信表达，言行

一致、能说能写；立行即重视行动，知行合一。自此，在"四立"教育的理论框架下，打上隆回一中烙印的一系列活动产生了：每月主题德育活动、道德标兵评选活动、班级德育策划活动……

"'没有理论的实践是盲目的，没有实践的理论是空洞的'——我一直很信奉这句话。"赵旭红说。

一棵树摇动另一棵树。传承的，还有那些谆谆期盼："养天地正气，法古今完人""欲知世味需尝胆""踏穿世路觉山平""读书好、耕田好，学好便好；创业难、守成难，知难不难""处事休辞劳苦，劳苦乃得安康"……

多年后，校长赵旭红与一位和家长对立严重的孩子如此谈话："君子务本，本立而道生。孝弟也者，其为仁之本与……"

身教言传，教育是一个灵魂唤醒另一个灵魂。

德育引航，教育永远热泪盈眶

在隆回一中，"校长讲话"已成为一种"文化现象"。

讲做人："人之谤我也，与其能辩，不如能容。人之侮我也，与其能防，不如能化。"讲做事："兢兢业业，如霆如雷。"讲说话："使人有面前之誉，不若使人无背后之毁；使人有乍交之欢，不若使人无久处之厌。"这是赵旭红在 2020 年高三学子毕业礼上交给同学们的"三个锦囊"。

引经据典、出口成文、感染人心，在赵旭红的讲话中，《史记》《资治通鉴》《诗经》《论语》《小窗幽记》《增广贤文》等经典中的名句被他信手拈来。

老师们为他竖起大拇指："妙语连珠启少年心智，雄韬拔萃开时代先河。""校长发功鼓干劲，学生用力争上游。"

学生们纷纷在他的讲话下留言："赵校长的讲话宛如明月之清辉，为我廓清了迷雾，更如启明星所在，为我指引了方向。"

隆回的百姓们看见他也点赞："校长讲得好！""校长您的讲话火了！"

重视每一次讲话，一如"四立"教育中的"立言"，崇敬语言的力量，倡导言为心声、知行合一。

"我们说'立德树人'，'树'就是'导航'。师者，特别是一校之长，当深深知晓言语的导航力量。"赵旭红说。

力量在加持。国旗下讲话、开学典礼、新年致辞、高三毕业礼，校长会讲什么，一中人乃至家长、社会翘首企盼。赵旭红三次邀请县委书记走进学校与学生面对面，他自己更是走进每一个高三班级，与学生进行一场场面对面的鼓励式相约。

"每一个生命都值得被引领；而如何做好导航人，当是教育人一生的命题。"赵旭红感慨。

健康成长，青春理当不负韶华

"奋斗松坡园，相约博雅塔，小憩自清亭。"这是赵旭红寄语 2021 届高三学子的话。

隆回一中的前身为"松坡中学"，此名是为纪念爱国名将蔡锷（字松坡）所取。因此，隆回一中的学子亦被称为"松坡学子"。一中精神，也称为"松坡精神"。

何为松坡精神？

在 2021 年高三毕业典礼上，赵旭红如此表述："松坡精神"是精忠报国的家国情怀，敢于揉碎挫折的钢铁意志，积极向上的阳光性情，上善若水的优良品质。"

"总的来说，就是'健康成长'。"在赵旭红看来，家国情怀、钢铁意志、阳光性情、优良品质，都是"健康"的体现。"一是身体健康，这是一切幸福的基础；二是心理健康，要拥有健全的人格；三是学识健康，从无知到有知，从知之不多到知之较多……而这些，都要靠课程来实现。"

毫无疑问，在隆回一中，最受欢迎的课程就是走班制的校本选修课程。赵旭红介绍，学校每年都开设有 40 余门校本选修课，并将特长教育与社团活动整合纳入校本选修课，形成了一个比较丰富的校本选修课程"超市"。如此，每一个学生都能在自己感兴趣的某一个方面得到发展并精进，一如隆回一中的机器人代表队就成绩斐然，多次参加省赛及国家赛并获奖。

一个人的健康成长，离不开三个追问：我是谁？我从哪里来？要到哪里去？

赵旭红给出回答："我是松坡璀璨星辰""松坡精神始终与我相伴""带着松坡园的叮咛，向幸福出发"。

"即使你走出校园，脱下这身校服，我希望于茫茫人海中，也能一眼就看出你是一中人，因为你健康成长，因为你是最棒的松坡学子，因为你在茫茫人海中熠熠生辉。"赵旭红激动地说，"这才是韶华青春！"

通讯员：陈齐政

2021 年 9 月 24 日

图书在版编目（CIP）数据

松坡回望：我的教育思考集/赵旭红著.—长沙：湖南师范大学出版社，
2024.1

ISBN 978-7-5648-5300-6

Ⅰ.①松… Ⅱ.①赵… Ⅲ.①中学教育－隆回县－文集 Ⅳ.①G63-53

中国国家版本馆CIP数据核字（2024）第015296号

SONGPO HUIWANG
松坡回望
——我的教育思考集

赵旭红　著

出　版　人｜吴真文
责任编辑｜周基东
责任校对｜吕超颖

出版发行｜湖南师范大学出版社
　　　　　地址：长沙市岳麓山　邮编：410081
　　　　　电话：0731-88873071　88873070
　　　　　传真：0731-88872636
　　　　　网址：https:press.hunnu.edu.cn
经　　销｜湖南省新华书店
印　　刷｜长沙雅佳印刷有限公司
开　　本｜170 mm×240 mm　　1/16
印　　张｜12
字　　数｜210千字

版　　次｜2024年1月第1版
印　　次｜2024年1月第1次印刷
书　　号｜ISBN 978-7-5648-5300-6

定　　价｜48.00元